みんなほんなごと！

小松政夫
Masao Komatsu

さくら舎

はじめ！

「さぁ！　笑ってください！　見てください！　七人揃って、ザ・クレージーキャッツショー！」

これは私が初めてジャズ喫茶の陰マイクでクレージーの登場を煽る当時のＭＣである。

その頃のクレージーはバンドの部類だったので、メンバーといる時は私もバンドボーイと呼ばれとりました。

私がちょっと売れ始めたとき、「君が仕事を全部持ってっちゃうから、俺たちの仕事がなくなるんだもんな」とメンバーの桜井《さくらい》センリさん流のエールを送ってくれました。

そういえばその頃、桜井さんが言いだしっぺで「小松」という通り名になったのでした。

今も人気の「笑点」の二代目座布団運びに松崎真《まつざきまこと》さんという役者さんが出ていましたが、当時その松崎さんもシャボン玉ホリデーのレギュラーでもありました。

私の「オヤジさん」こと植木等師《うえきひとし》が「松崎ー！」と呼ぶと私の本名も松崎なので、二人が同時に「ハイッ！」と飛んで行くとです。

「こっちの松崎だよ！」こんなことが何回もあったのを桜井さんが見ていて、独特のゆるい調子で「あのサァ、大きいほうがおお松でサァ、小さいほうがちぃ松にしたらァ？」。確かにその松崎さんは一八〇センチの大男でした。

と、オヤジさん「よし！　大きいほうが大松で、小さいほうが小松！」。それ以来、小松が通り名になったとです。


どこに行っても小松で知られるようになったとき、オヤジさん「そろそろ芸名を考えてやらなきゃなぁ」と。私は気に入った名がありました。

「あのう、ジェームズ・本堂とつけていいでしょうか？」

「なに！　ジェームズ・ボンド？」

「いえ、本堂」

はじめ！

「バカか！　君が大河ドラマやシリアスな役をやるようになったとき、ジェームス・本堂で恥ずかしくないか！」

うひゃぁ、私はそげな俳優になれるっちゃろうか……？

この本は、博多っ子を自負しているこの私に、「月刊はかた」さんから「このページば書いてみらんね？」とあり、

「ハーイ！　ヨロコンデ！」

と居酒屋の店長みたいな返事ばしてしもうた連載の一部からできたとです。

ところがウンウン言いながら、やっと〆切に間に合ったこともあったとやが……。この連載の間、私が博多のマネージャーと呼んでいる親友の柳智さんをはじめとして、多くの人に支えられてきた。感謝、感謝であります。

さぁ、読んでくんしゃい！　笑ってくんしゃい！　泣いてくんしゃい！　クラーク博士も言んしゃった、ボーイズ・ビー・アンダーシャツ！

小松政夫

みーんな ほんなごと！◇目次

いーち！

にーい！

さーん！

みーんな　ほんなごと！

いーち！

一本立ち

福岡の博多の山笠《やまがさ》に帰るたんびに新しい感動に出逢う。

それは規律正しい若者の姿であったり、養われたしきたりや伝統であったり……。中洲四丁目の直会《なおらい》で中学生が〝若手〟として認められ、記念に贈られた下駄を胸に抱き、感想ば求められた。

「僕はあの……」すかさず長老からヤジが飛ぶ。

「君のオヤジはダレな～！」

「あすこにおるとが父です。至らんオヤジですが、そのオヤジに恥ばかかさんごと頑張ります！」

皆、大拍手！　私は大笑いしながらグスグスと泣くとです。

今、私はなんかなし町内の良か人たちと一緒におるだけで幸せに思うと

ります。山笠を通じて、こうして親から一本立ちしていくとやなぁ……と。

昭和四十二年十月のことである。その日も「シャボン玉ホリデー」の収録があり、クレージーキャッツの植木等師の運転手をしていた私は日本テレビのスタジオにおりました。当時ADだった原さんが小走りに寄ってきて、私に「小松ちゃん、これ見てごらんよ！」と分厚い葉書の束を差し出されました。それは視聴者からのファンレターでした。

「小松ちゃんもそろそろ一本立ちだね！」

それから数日後、今でも良く覚えとります。植木家に帰る途中のNHKの近くでした。東京オリンピックの選手村があったあたりに差し掛かった時、「あのな小松……」バックシートから身を乗り出し、

「お前、明日からもう来なくていいからな」

「はっ……？」

「昨日事務所に行くからと言って、お前を車で待たせていただろう？」

「はい」

「あれな、社長に会ってて、お前を正式に渡辺プロの契約タレントにしてやってくれないかと言いに行ってたんだよ」

「えっ……」

「そしたら社長、お前が認めるんだったらいつでも良いよと言ってくれてな……。**お前のマネージャーも給料も全部決めてきたから……**」

青天の霹靂《へきれき》……。フロントガラスが涙でぼやけました。袖口で拭っても、またすぐ溢れる涙で前がよーと見えんとです。

泣き虫の私は「えっえっ……」と嗚咽《おえつ》してどうしようもないごとなりました。「すいません……」それだけ言うと私は車を停めて、ハンドルを握ったまんま声を出して泣いてしまいました。

熱い涙があとからあとからこぼれるとです。私はなんて幸せ者なんだろう。オヤジさんの付き人として私なりに頑張ってきた三年十カ月を、オヤジさんはちゃんと見ていてくれたんだ。ありがとうございました、オヤジさん……。

オヤジさんは黙って私を泣かせておいてくれました。どのくらい泣いていたのか、そしていつものオヤジさんの口調で、

「**うん、別に急がないけどそろそろ行くか**」

私は鼻をすすりあげて「はいっ」。ハンドブレーキを外し、ギアを入れ直して車をスタ

ートさせました。

初めてオヤジさんと逢った時の言葉を思い出しました。

「私を父親と思えばいい」

涙が涸れる……というばってん、涙は決して涸れんですね。

その帰り、植木師の自宅付近に着いた時、

「いつもの焼肉屋に寄っていこう」と言うとです。夜中閉店したあとでも無理を言って開けてくれる経堂商店街の植木師行きつけの店でした。私たち、つまり私の四日前にオヤジさんの運転手に雇われた池田君と私はたま〜にしか行けない高級店で、店の前を通るとご主人が声をかけてくださり、ご馳走していただき何かと目をかけてもらっていたお店です。

「さあ小松！　死ぬほど行け！」

池田君はドンブリ飯で五、六人前を平気で食べていました。

ご主人がニコニコ見ていて「植木サン、松﨑サンワ出世スルヨ。ソウイウ相ガ出テルンダヨ」。

オヤジさん「何？　あなた、占いもやるの？」。

「ハイ、ワタシ占いセンモンカネ」

「あ〜そう！　当たるの？　こいつ出世するのか、そーかそうか、ウン良かった！」

そう言うときのオヤジさんを今思い出すと、どうしても大スター植木等と一緒にいたような気がしません。まるで我が子が出世すると言われ、喜ぶ親バカのようでした。

「よ〜し、今日ご主人に誉められたお祝いだ、どんどん食えよ！」

「はい！　カルビもう三人前！」「池田！　お前が食ってどうすんだ！」

「あっすんまへ〜ん」「アッハッハ！」

私は正座して池田君に、「池田君、ひと足先に行かせていただきます。オヤジさんのこと、よろしくお願いします」。「な、何をおっしゃいますやら……あ、あんたな、あ……いや、まっちゃん！」イガグリ頭が泣いた。

オヤジさんの自宅に戻ったら、洋服の仕立て屋さんが待っていた。

「私からのお祝いだ。君が好きなように作ってもらいなさい」

オヤジさんからのありがたいお言葉だ。

その仕立て屋さん、少し訛って「まんず、このツヅ《生地》ならばドコサ行ってもハヅカスクねえツヅだから」。

スマートに仕上がるっちゃろうかと思った。オヤジさん、小さな声で「腕は良いぞ」。選びに選んで、黄色味のある茶色に、よく見ると赤が少し混じっているようなイギリス製の生地で、ネーム入り三つ揃いのスーツば注文。三十万円はする一級品ですたい。

一カ月後出来上がったスーツば着て、オヤジさんに見せに行きました。スーツを着た私をうれしそうに眺めるオヤジさん。しかしふと、内ポケットの名前の刺繍に気づき、顔色が変わった。

「なぜ小松政夫と入れないんだ」

実は、私の中にはまだ「小松政夫と入れるのは早いんじゃないか」と気おくれする部分があって、名前の刺繍は「松崎雅臣」と本名で入れてもろうたとです。

「本名じゃ意味がないじゃないか」

怒り気味のオヤジさん。オヤジさんはとうに「小松政夫」を認めてくれていたのです。

しかしスーツはオーダーメイド。あとから刺繍の修正はできんとです。結局そのままとなりました。後にも先にも、オヤジさんの怒り気味の声を聞いたのはこの一回だけ。五十五年前のことです。

最初のレギュラー番組「今週の爆笑王」

植木等師の付き人卒業の日、お祝いにスーツの仕立て屋さんを呼び誂《あつら》えてもらい、その別れ際に「飲み過ぎんなよ」って一言。そお〜っと振り返るとオヤジさんが門のところに立っとらっしゃる。ペコリとお辞儀ばする。しばらくして振り返るとまだ立っとらっしゃる。またペコリ。ペコリペコリペコリしながら角ば曲がりました。

一本立ちした最初のテレビのレギュラーは、さすが大渡辺プロの力で、TBSの私のための新番組「今週の爆笑王」でありました。ちょうど売り出し中の欽《きん》ちゃんのコント55号や三波伸介《みなみしんすけ》さんのてんぷくトリオ、東八郎《あずまはちろう》さんのトリオ・ザ・スカイライン。こうしたコメディアンの人を束ねる番組の司会の大役を貰うたとです。

TBSのGスタジオに観客席を作り、榎本健一《えのもとけんいち》さんとか小《こ》さん師匠が裏から観客を見ていて、お客さんの中で誰が一番良い笑顔で見ていたかを決め、この客を後で表彰するという番組でありました。

とにかくゴールデンアワーの一時間番組。大々的に宣伝して初回は一三パーセント、そここの数字！　ばってが、二桁いったとはそれだけ。あとは尻つぼみで、とうとう七回で終わってしもうた……。

これはもう私の完全な力不足！　あがるだけあがってしもうて、支離滅裂、前後不覚、硬くなって面白くもナ〜ンともなかった。

プロデューサーもディレクターも私をリラックスさせるためにいろんな事をしてくださったのはよく覚えているが、要は力のない奴がいきなり大役をやってしまったのが失敗の原因だろう。なんせ引き出しがない、なんたって由利徹《ゆりとおる》さん、ケーシー高峰《たかみね》さん、東八郎さん等と一緒にやれることだけでプレッシャーだった。こんな素人とやるのはイヤだと思われてるんじゃないかと萎縮してしまった。

自己嫌悪のボロボロでオヤジさんを訪ねた。

「うまくいきませんでした……」

オヤジさんはちょっと笑ったような目を私に向けて、

「**まあそう焦りなさんな、ということだ**」

私の肩をポンと叩いて、

「お前はいいなぁ、酒が飲めるもんなぁ。俺よりひとつ楽しみが多いんだから幸せもんだよ。今日も一日終わった、一日のけじめはやっぱりビールだろう、何もかも忘れてビールをガァーと飲んで、よぉ～しとなる。俺なんかまんじゅうだぜ、まんじゅう食ってお茶飲んでおしまいだよ、**一日のけじめはまんじゅうじゃないよなあ～**」

このまんじゅうで私は立ち直った。しぼまずにすんだ。これは良い経験だったのだと、勉強しなければという闘志でいっぱいになった……。

最初の司会が芳《かんば》しくなかったわりには、たちまちレギュラーが六本になった。マネージャーがスケジュールの電話をしている。

「**いっぱいなんですが……あっ夜中の十二時から朝八時なら空いてます**」

どこかで聞いたセリフだった。

初めての飛行機

渡辺プロは当時音楽プロダクションであり、音楽でなくて契約したのは私が初めてだったとです。クレージーキャッツもバンドとして所属してるし、ザ・ドリフターズ、ザ・ピーナッツ、中尾《なかお》ミエ、皆音楽が付いとりました。

そやけん私の忙しか最中、ちょっとでも体があくとすぐ旅公演の司会ばさせられました。森進一《もりしんいち》、梓《あずさ》みちよ、伊東《いとう》ゆかり、園《その》まり、奥村《おくむら》チヨ、布施明《ふせあきら》……。私はコメディアンやけん司会では嫌だ、ちょっとでも良いけん歌手と芝居ばするような場面を作ってもらうごと、頑強にねばったとです。

この手の舞台で思い知りました。こっちが先輩でも歌い手は飛行機で、私は三等夜行列車。ばってん、かえってそれが「今に見ていろ」という発奮材料になったと思うとります。

そんなとき、福岡公演クレージーキャッツショーに出ろと声のかかったとです。

いーち！

大感激！　植木のオヤジさんやハナさんたちと音楽バラエティをやると言う。付き人時代とは違い、ポスターやプログラムに名前や写真が出る堂々の共演者である。しかも博多で……。植木のオヤジさんが言った。

「おい、故郷に錦だな」

「……ハイ」

役者を目指して上京して何年目の帰郷だろう。フルバンドのメンバー、付き人、バンドボーイ、マネージャー、それに私。総勢四十人、夜行列車で先乗りした。当日友人知人、恩師までもが楽屋を訪ねてくれた。

そのたびにオヤジさん、

「こいつ良いでしょう、もっともっと大きくなりますよ」

終演後、夜汽車に乗るべく帰り支度をしていると、友人達が駅まで同行して送るという。もう遅いからどーかひとつ、と私。

とそばにいたオヤジさん、

「あー、小松は私と飛行機で帰ります。小松、表にタクシーが待ってるから俺の荷物頼む」

寝耳に水である。

「あ、あのー」

マネージャーを見ると、ウンウンと頷いている。タクシーの前までぞろぞろと友人達が付いてきた。

ドアの開いたタクシーにオヤジさんが乗り込む。私が助手席のドアに手をかけると小声で「後ろに乗れ！　うしろ！」。

今までオヤジさんと肩を並べて車に乗ったことがない。

「小松バンザイ！」「ガンバレヨ！」

車が動き出すと「博多いいナ」「ア……リガトウゴジャイマス……」「飛行機は私のオゴリだ」。

初めて、生まれて初めての飛行機である。

雨風の激しい夜だった。板付《いたづけ》・羽田間だけ飛ぶムーンライトという深夜便の双発プロペラ機だった。雨に濡れながらタラップから機内に入る、ほんなごと飛ぶとやろうか？

背中がシートにへばりつくようなスピードで舞い上がった。揺れた前後左右上下！

「えずか〜！」スチュワーデスがマイクを通して言った。「皆様……機は……少々揺れておりますが運……行に……キャー！」マイクで恐怖を増幅させやがって。
隣の席のオヤジさんがスヤスヤ眠っていた。

いーち！

ピエロ

新橋第一ホテルで福岡在住の画家・岡部《おかべ》文明《ふみあき》氏の出版記念パーティーに出席した。文明氏は高校生の時、ラグビーの練習中の事故で車椅子の生活を余儀なくされた。もう三十年も昔、何かの機会に大濠《おおほり》公園の画廊に立ち寄った際に、氏の個展に遭遇した。すぐに博多もん同士の友人になった。

その作品は全てもの憂げな顔をしたピエロの画ばかりであった。失意のどん底にあった時、ルノワールの画集を何気なく見ていると最終ページに絵筆を手に括りつけて一心に絵を描いている、晩年のリュウマチを患った車椅子姿のルノワールの写真があった。それが、氏を画家に導く出発点であったと聞いた。

画家として一つのテーマを貫くそれを模索していた時に、少年の時から大好きだったロシアのサーカスが博多に来た。著書の中にある。

「特に道化に強い関心を示し、帰宅してイメージで捉えたものを大作に描くことにし、この絵を完成させた」

また、氏の忘れられない言葉としてピエロのポポさんが言った「みんなの前で僕がショーをしてみんなが笑って拍手をくれる時、それが僕のサラリーさ」。

私は感動した。ピエロ、道化、喜劇役者、皆同じ考えで生きていたいと思う。そして文明氏はピエロのとりこになった。これこそ自分に与えられた一生のテーマであると……。

また、文明氏の著書に「ピエロを描いているうちにピエロの姿に人間の縮図のようなものを感じる。喜怒哀楽が端的に表れてくるからだ……」。

あの厚化粧の下には文明氏が見ればこれ程のものが忍ばされているのだなあと思い知らされる。

『ピエロの画家　魂の旅路』出版記念パーティーは大盛況であった。東京での催しなのに博多弁が飛び交った。本のあとがきを書いた女優の吉行和子《よしゆきかずこ》さんが御挨拶。

「岡部さんは心を開いて接されるが、相手の心を開かせる術も持っていらっしゃる」

発起人のひとりであったので、最後に私にスピーチをということになった。三十年に亘《わた》るお付き合いの話をしようと考えていたが、横に座っていた文明氏、「小松さん、面白い話タップリお願いします！」

えっうそ～、私はスピーチがヘタである。特にこんな会では、話せば話すほどクソ真面目になる。大拍手で出席者が舞台にかぶりついた。

なんなこら……。文明氏の穏やかな笑顔を見ると、何かスーっと気が楽になった。俺も男だマドロスだ、と開き直った。ピエロの心境である。ど真ん中で文明氏が肩をゆすって笑っていた。

植木等師がある時期、色紙にこう書いていたのを思い出した。

「ピエロは笑ってもらうまで泣き」

私の付き人時代のスローガンは「四んき」。

機知、機敏、機転、喜怒哀楽！

すんまっしぇん、ちーとまじになって……。

青島《あおしま》幸男《ゆきお》さんの五百円

長い芸能生活で思い出深い作品と言えば、やはりデビュー作のシャボン玉ホリデーでありましょう。その時の作家で後にシャボン玉になくてはならないコメディアンになった、いや参議院から東京都知事になられた青島幸男さん、青島さんにはとても可愛がってもらいました。

初対面は渡辺プロの社長宅が五反田にある頃でした。毎年新年会が開かれるのですが、我々付き人とか運転手は車の中で三時間四時間でも待っているのです。そんな時、青島さんがタクシーで来らっしゃった。

私はすぐ車から出て「おめでとうございます！」「おう、どこの若い衆だい？」「植木んとこの松﨑と申します」「おう、お年玉だよ！」。

私に五百円くんしゃった。当時五百円は一万円くらいの価値がありました。

青島さんとの初レギュラーは「意地悪ばあさん」でした。そして初めての地方ロケで沖縄に行ったのです。四泊五日、当時できたばかりの「万座ビーチホテル」が舞台でした。

青島さんと私はいつも一緒で、意地悪ばあさんの扮装をしたままの青島さんと編集長役の私と二人、撮影の待ち時間中、朝からビーチサイドでマティーニを飲んでいたのです。おかげで後で放送になった画面を見ても、どのシーンも自分が映っているのにほとんど覚えがありませんでした。

気心の知れたスタッフ、キャストで沖縄の二月、好天に恵まれ和気あいあいのうちに昼過ぎに撮影終了し、そのまま打ち上げにグラスボートで宴会となりました。

平底の船がガラス張りになっていて、美しいサンゴや泳ぎ回る熱帯魚の群れが見えるチャーター船で沖に繰り出しました。大多数のスタッフは生まれて初めて見る光景に歓声をあげ、特に海の中に潜ったことのない女性はキャーキャーと大騒ぎ。青島さんが言った。

「ここにデンマークの人魚姫みたいなのがスイスイと泳いでいたら驚くだろうなあ」

するると、なんということでしょう。突如スッポンポンの男が、そのガラス窓の中に現れて人魚のように身をくねらせてVサインまでして消えていったのです。

一同ギャーと驚いて、今見たものが信じられないといった面持ちでしばらく顔を見合わせておりました。

私が人魚の話を聞いたとたん、人知れず船尾に行き、着ているものを全部脱ぎ捨て船べりから静かに海中に身を躍らせたのです。

ただただ大好きな青島さんを喜ばせたい、それだけの博多ののぼせもんでした。

沖縄といえども、二月の海はまだ寒い。震える私の身体を拭きながら頭を叩きながら笑いながら、

「ヒッヒッヒ、お前と言う奴は（バシ！）ヒッヒッバカだねえ（バシ！）凄い奴め（バシ！）」

ある時、正月にもらった五百円のお年玉を一生忘れないと言うと、「嬉しいこと言うねえ、五千円もらったと訂正しなさい」と言った。

ンコ談義

いとうせいこう氏総合プロデューサーによる「第十回したまちコメディ映画祭in台東『コメディ栄誉賞』」ばいただいた。大変名誉なことである。私には内緒で賞金プレゼンターに伊東四朗《いとうしろう》さんが登場されてびっくり仰天！　会が終わってから、二人で昔話。読者の皆さんはてんぷくトリオば覚えておらっしゃあでしょうか？　三波伸介、戸塚睦夫《とつかむつお》、伊東四朗の苦労時代の話ば聞いた。

地方のキャバレー回りで、先方が契約している栃木のある旅館に荷物と一緒に放り込まれた。

薄汚い部屋に火鉢もない。宿のオヤジに聞くとただ一言「聞いてない」。

晩メシ時になってもメシも出てこない。宿のオヤジに言うと「聞いてない」。

それならせめて風呂に入ろうと、尋ねると「聞いてない」と言われるから黙って入っちゃれ、とばかり湯船に浸かっているとオヤジが怒鳴り込んできて、「便所に入ってから風呂に入っちゃダメだよ！」ですげな？

金もないけん、ただひたすら湯で身体を温めて、センベイブトンにくるまって寝るしかない。枕を並べた三人の話題は当然食べ物の話。それが消化していくと排泄物に及ぶ。伊東、三波サンはンコ談義が好きらしい。人間のンコからさらに話題は飛躍して、動物の糞の話になる。

そのときディスカッションした結論は次の如くである。

一、犬は実にスムーズに糞をする。犬は安産だけでなく安糞である。二、馬は自分の糞に自信がない。だから少しずつ、少しずつ出す。果たしてあれで快感があるのだろうか？三、山羊。これは一番可哀そうである。いつも途切れ途切れ、しかも乾いている。あれは紙を食うので腹の中で先に拭き取られているからに相違ない。

かくして三人は安らかな眠りについた。

烏カァ〜で夜が明ける。共同の洗面所で三波サンが顔を洗っていると、背後を伊東サンが通って行き、廊下の便所のほうに消えた。

それを見た三波サン、「大」のほうを催してきた。便所に入る。「大」の部屋は二個。一つが空いている。そこに入る。作業ばしながら隣の部屋の伊東サンに声をかけた。

「おい、どうだい？　今朝の具合は？　犬かい？　馬かい？　……ああ、唸ってるから山羊だろ？　……俺は馬……おい、返事をしろよ。便所で気取ってても仕様がないだろう？」

スッキリした三波サン、木の戸を開けて外に出た。隣の部屋からも伊東サンが出てきた……と思った三波サン、ハッと息ば飲んだ。

伊東四朗とは似ても似つかぬ若い娘である。顔を真っ赤にして、手も洗わず駆けだして行ったげな。

そらそうやろたい。トイレでいきなり大きな声で「犬か？　馬か？　山羊だろう？」あげくの果てに「便所で気取るな！」とまで言われたら赤うなりますくさね。江戸時代後期に博多の聖福寺《しょうふくじ》で住職を務めた仙厓《せんがい》さんの句ば思い出した。

「山路来て　何かしたいぞ　あぽしたい」

中村《なかむら》玉緒《たまお》さんと勝新太郎《かつしんたろう》さん

福岡行きの飛行機の中で女優の中村玉緒さんにお逢いしたことがある。搭乗が始まって、せっかちの私としてはいつもは早めに席に着くのだが、その日に限って少し遅くなってチケット片手に自分のシートを探していた。

「小松さん、お久しぶり!」大きな声で玉緒さんが笑って座っとらっしゃったとです。

私は一歩下がって「うわ、お久しぶりです! お変わりございませんか?」と頭を下げた。

「そんなご丁寧に!」玉緒さんご自身も立とうとなさったがストンと腰が落ちた。

「あれ?」また立とうとしてストン。

「あれ? 何でやろう?」「玉緒センセ、シートベルトをしたままです」

私は笑いをこらえてベルトをはずして差し上げた。周囲の乗客も口に手をあてて肩を揺すっている。

お若い頃の美しさ、切れのある演技、私は今の今も大ファンである。

「センセ、最近のバラエティでの大活躍、テレビで拝見しております」

「ほんま？　ほんまにあれでええの？　私浮いとらせん？」

「いやあ、お人柄がそのままで素敵です」「うれしいわぁ、小松さんにお

墨付きもろた、もう少し頑張ってみますわ……。それにしてもあん時、わろうたわ！」

……あん時！　私には笑えないあん時である。

何かのパーティーで勝新太郎さんにお目にかかり、帰りが一緒になって「家へ来いよ」とお招きを受けたとです。

お宅に着いたら付き人と玉緒さんもお嬢さんも息子さんも総出で迎えていただき、大ご馳走にワインなんか抜いてもろうて、もうヒッチャンガッチャンの良か気分！

勝さんが聞かっしゃった。

「おい小松っちゃん、あんた達シャボン玉やコントの中なんかで洗面器で頭をバンバン張り倒されてるけど、あれ痛くないのかい？」

「あれはコツがあるんです。なまじ手加減すると音が悪いし殴られたほうが痛いんですよ。

思いっきりやれば良いんです」と言うて「例えばこのスリッパ」。履いとったスリッパばパンパンと尻で試し打ちをし、「いいですか、いきますよ！」って勝さんの頭を思いっきり張り倒してしもうた。

勝さん、苦笑いをし「なるほど」。

やめときゃよかとに「ほらね、痛くないもんでしょ」パカスカパカスカ。周りの人はさぞやヒヤヒヤしていたことでしょう。

目覚めると勝家のリビングのソファだった。時計ば見ると五時半、夏の朝はもう明るかった。

どげんしようかとモゾモゾしてるとお手伝いさんが来て「朝食をと勝に言われて用意しております」

「とんでもないご迷惑をおかけしました、よろしくお伝えください」と帰りかけると、

「これ、お帰りの時おみやげにと勝からでございます」

フランスの超高級ブランデーだった。

あの天下の勝新太郎さんの頭をスリッパで殴ったのは私くらいのものでしょう。若気の至りとはいえ、今でも思い出すと冷や汗ものです。

スタジオドラマ初出演

日本橋三越劇場で作・演出ジェームス三木《みき》、三田佳子《みたよしこ》さん主演「あんた十手もった？」に出演した。その公演中、水谷豊《みずたにゆたか》さんが楽屋を訪ねてくんしゃった。「うわー、久しぶり！」二人は飛び跳ねてハグしたとです。

二年ほど前、彼のライフワークとも言える人気テレビ番組「相棒」にゲストで呼ばれたとですが、最初の出逢いはもう四十年近くも前、ショーケンこと萩原健一《はぎわらけんいち》さんと水谷さんのコンビだった「傷だらけの天使」が初対面で、意気投合したとです。その回は私と水谷

さんが主役で、一週間ずっと一緒でした。慣れないドラマ出演も彼のおかげで楽しく、生涯忘れられない作品になりました。

そういえばスタジオドラマ初出演は日本テレビ、吉永小百合《よしながさゆり》さんの「花は花よめ」でした。昔は必ずリハーサルがあり、バラエティのレギュラーと並行して大変ではありました。

台本をもらうと、それまでの台本と全然違うのです。「制作意図」なんて書いてある。「この物語は下町に住む明るく、何とかの花屋の娘が、それを取り巻く人脈の……」私の役については「亀田雄作、三十六歳。どこどこの大金物問屋の息子。純情で気がいいが、お喋りがちょっと難点」

性格や年齢まできちんと書いてある。いやあ凄いなあ。やっぱりドラマは違うんだなぁ。で、自分の台詞《せりふ》を見ると、全く笑わせるような部分がない。ようし、これは大二枚目で行くぞ、とかなり意気込んで稽古場に行った。

雰囲気がまるで違う。吉永小百合さん、児玉清《こだまきよし》さん、淡島千景《あわしまちかげ》さん、森雅之《もりまさゆき》さん……圧倒される大スターたちが、静かに台本を黙読している。

担当プロデューサーの厳粛な挨拶。拍手。ディレクターの番組に対する意気込み。拍手。「それでは出演者をご紹介します。花子役の吉永小百合さん」拍手。「その父親役の……」そろそろ私の方にくる。だんだん上がってしまうて、ドキドキしてくる。「小松政夫さん」どっかで失笑が起こった気がする。

「よろしくお願い致します」なんとか切り抜けた。ばってん場違いの気もする。いよいよ稽古だ。「ハイ、では吉永さんにキュー！　……そう、そうです。もっとズーッと沈んだ表情……ハイ、カメラ……こっちから……で、こっちです。すいません、もう少〜し寂しいって雰囲気が出ませんか？……ああ〜、いいですねえ。それ頂きます」

「ハイ、小松さんお待ちどー様でしたあ！」ドッキドキしている。第一声をどう喋ろうか。

「ハイ、小松さん広い絵で待ってますから、思う存分動いてください」「えっ⁉」思う存分動いちゃう？

「**そういう番組なんですか、コレ？**」

「**いいんです、ここはね、お客様の息抜きのとこなんだから**」

……わたしゃ息抜きやったとですばいねえ。

イボじい

　キャナルシティ博多から国体道路を跨ぐ歩道橋の上で足が止まった。今もある元実家のビルの真ん前で、子どもん時は焼け跡の広場の所であった。そこに二月の寒さを見計らったように現れるじいさんば思い出した。

　昼間は香具師《やし》たちの檜舞台だったが、夕暮れになるとほっぺたに大きなイボのあるホームレスがやってきて、子どもたちはイボじいと呼んだ。焚き火の名人で常に火をいじくり回して一定の炎を保つのである。話上手でいつも子ども達が火の周りに集まった。私も寡黙な末弟と一緒に火にあたった。

「おいしゃん、どっから来たと？」火から顔も上げず火箸で「あっち」と指す。

　そして得意顔で「俺って憎めんやろ？　ウヒャヒャヒャ……」と笑う。

「そこのおとなしい兄ちゃん、ここに来んしゃい」あぐらをかいた膝を叩いた。弟はチョコンと座った。

そのじいさんの不潔さに私はハラハラした。

長髪は櫛も通らん程ドロドロでねじりん棒の小型が何本もぶら下がってるし、目ヤニ鼻水、前歯一本のみ、顔は赤と黒とを混ぜたような茶色で帆布のシートを肩から羽織り、どこで手に入れたのか脇息《きょうそく》に寄りかかっていた。

「それ、なん？」「これは偉か人が使うもんたい、俺ぁ殿さんばい！　皆の者、褒美《ほうび》ばとらす！」

ウヒャウヒャと笑って、火の中から焼き芋が周りにいた子どもの人数分ぞろぞろと出てくる。子どもたちは歓声をあげた。

「俺って憎めんやろう、ウヒャヒャヒャヒャ」。それからヒョイと片方の尻をもたげて、プーっと一発。

すかさず子どもが「おいしゃん、屁ばしたろう？」。

「エー解説ばします、屁とは肛門より排出されるメタンガスを言う。屁にはプースーピーの三種あり。プーは音大にして臭い最も小なり、スーは音小なれど臭い最も大なり、ピーはゆる腹を言うなり、たまに中身のもれる恐れあり、以上！」

いーち！

或る日、弟を連れて銭湯に行った。昔、一番湯は三時頃だった。誰もいないと思ったが先客が一人いた。湯船のへりに腰を掛け、手ぬぐいを頭に乗せ「よう！」と私たちに声をかけた。

ま、まさかである。顔と手、足首だけ真黒で、身体が真っ白のイボじいが笑っていた。頭のねじりん棒はシャンプーしたのかサラサラしていた。

「おとなしい兄ちゃんこっちにきい、おいしゃんが入れちゃるけん」どういうわけか弟に優しかった。

私はイボじいの入った同じ湯に入るのは嫌だなと思った。と突然、大声でイボじいが「ウワーッきちゃない！　んこ、んこ！　兄ちゃんがんこした、きちゃない！」弟を放り出して、湯船から飛び出した。

私は湯船に浮かんでいた小さな塊を桶ですくって、排水溝に流した。イボじいはタイルの壁に尻もちついてへばりこみ、ワナワナと震えながら上がり湯を何杯も何杯もかぶり、疾走して帰った。

その日以降、イボじいは姿を見せなくなった。

子どもの頃の思い出が瞬時に蘇った。

子どもの時からの夢

博多の櫛田《くしだ》神社のすぐ裏で山笠やらどんたくの真っ只中で育った〝のぼせもん〟がいっぱしの夢ばもったとです。

「東京へ行って日本一の喜劇役者になりたか！」

昭和三十六年四月、十九歳！　博多駅のプラットホーム、小さな荷物ば一つだけ持って夜行列車に乗ろうとしとりました。

「がんばれマサ坊、バンザイ！　バンザイ！　お前やったら裕次郎やらすぐ追い越せる！　頑張れよ！」

「〽勝ってくるぞといさましく〜」まるで出征兵士、五十人もの友人知人が送り出してくれました。

初めての夜汽車に乗って喧騒が収まると後ろの席の若者がトランジスタラジオを聴いていーち！

いました。その音は低く私の胸に迫ったのを覚えています。「〽南国土佐を後にして都へ来てから幾歳ぞ　思い出します故郷の友が門出に歌ったよさこい節を～」。

横浜にいる兄貴を頼って押しかけ、コネもってもなく一番倍率の高い新劇の養成所を受験してなんと合格。しかし入学金が払えず中途挫折！　兄貴は博多に帰れと言うがあんだけ派手に送り出してもろうた仲間に恥ずかしいと横浜に留まることを決心。いろんなアルバイトで食いつなぎ、スカウトされた車のセールスマンで正社員、ここで骨を埋めるつもりで頑張ったとです。

セールスマンは宴会が多い、トップセールスまで登り詰めた私の宴会芸は日本一の喜劇役者を目指した実力者？　のものである。

偉いさんが言った。「君、道を誤ったね、本職になったらすごいね」

スッカリ芸能界とか役者なんてあきらめていたのに、またムクムクとやりてえなあっと思い出してきた。

「植木等の付き人兼運転手募集」それは大草原の中のたった一つの四つ葉のクローバーを見つけた思いだった。あの大好きな植木等が私を呼んでるとさえ思った。

「週刊平凡」の小さな小さな記事だった。

六百人の応募者から私一人が選ばれた。イヤと言う程可愛がっていただき三年十カ月で卒業。

この前仲良しの若いスタッフ達と食事会をした。

「小松さん、芸能界に入って何年になりますか？」「えーと五十一年目かな」「すごいですね！」

「いやいや〝目立たず隠れずそーっとやって五十年〟てやつでさ」「うわーそのフレーズ良いですね！」

「子どもの時からの夢でね、この世界に入ってその内一座の座長になる事だったんだ」

「皆でやりましょう！　小松政夫一座旗揚げ公演を！」

あっという間に制作、企画、宣伝のプロ達が集まってプロジェクトチームが出来上がった。

「目立たず隠れずそーっとやって五十年、小松政夫一座旗揚げ公演」喜劇「しあわせのコンドル食堂」北千住シアター１０１０。私は積年の夢が叶えられた。

大《おお》橋《はし》巨《きょ》泉《せん》さん

私の大好きな大橋巨泉さんの傘寿と快気を祝う会に出席した。

巨泉さんは私が植木師の運転手になって初めて乗せた芸能人でした。車ン中でものすごく大きな声で「なんったってボンさんの〝お呼びでない！〟は最高だよ、ウッシッシ！」

芸能界で植木師と親しい人は「植木屋さん」とか「植木屋」と呼んだが、巨泉さんはずーっと「ボンさん」だった。植木師の実家はお寺さんで、坊さんになるかミュージシャンになるかと迷った経緯を良く知っとらっしゃったとです。

「ボンさん、この若い衆の運転はノーブルだね」

「あー巨泉亭、この男に目を掛けてやって。役者志望なんだ」

「松﨑と申します」

「ユーのこと、さっきから誰かに似てると思っていたが、ダニー・ケイだ！」。ウワー、私がダニー・ケイに似てるですと！　私の憧れのアメリカの大コメディアンである。

　ゴルフ場に着いた。

「ボンさん、俺今日はナイン十《じゅう》切るからね」バンドマンの用語で九十である。

「それなら俺はオクターブ（八十）台で回ってやる」。植木師はミュージシャン、巨泉さんはジャズ評論家、二人の会話を聞いていて、私もプロの端くれにいるんだなあと誇らしかった。

　赤く日焼けした二人が大笑いしながら車に乗り込んだ。

「おつかれ様でしたァ！」

「おおダニー・ケイ、これここのゴルフ場の名物らしい。ユーに！」。それは立派な箱に入ったソーセージの詰め合わせだった。後ろの席から身を乗り出して助手席に置いてくんしゃった。

「ありがとうございます！」

「バッカだね、オーバーなんだよウッシッシ！」

　巨泉さんの番組に数々呼んでいただいた。

「11PM」「世界まるごとHOWマッチ」「クイズダービー」「巨泉×前武ゲバゲバ90分!」切りがない。

伊東の別荘にも招かれてゴルフ三昧! 巨泉さんはゴルフが大好きで、ある日大スポンサーが付いた大橋巨泉ゴルフコンペがホノルルで、芸能界・スポーツ界等より有名人が百人も招かれて開催された。私と植木師もご招待を受け飛行機に乗った。

驚いた。植木師と私だけ隣り合わせのファーストクラスである。他の人たちはビジネスクラス、先乗りしていた巨泉さんに私の席は何かの間違いなんではないかと聞いた。

「お前の師匠孝行のご褒美だよ……」

傘寿の祝いのお開き口で「おめでとうございます」と言うと、

「小松、お前フケないなあ」

「フケましたよ、私もうハー十《じゅう》(七十)過ぎましたから」

「もういっぺんハタチに戻りたいと思うか?」

「いえ、私は今のままトシを取らなきゃ一番良いと思ってます」

巨泉さん、一間を置いて「**いやぁ、充実してんだよ、それは小松、充実してるんだよ**」

……かもしれない。

小松政夫一座、旗揚げ

本日はお忙しいなかご来場いただき、誠にありがとうございます。小松政夫は今年芸能生活五十周年を迎えることができ、七十二歳にして念願であった「小松政夫一座」を旗揚げすることとなりました。

これもひとえに皆様のご支援ご厚情の賜物と深く感謝しております。

六十年前生まれ育った博多にて手作りの入場券で友人に私のつたないお芝居を自宅で見せて喜んでいたことが小松政夫の原点であったのかと昨日のように思い出されます。

本日は私のために集まってくださった豪華出演者、スタッフと共に作り上げた本物の喜劇をどうぞお楽しみください。

小松政夫「目立たず隠れずそーっとやって五十年」。まだまだ走り続けます。

いーち！

これは平成二十六年六月、東京北千住シアター１０１０での公演パンフレットの冒頭の私の挨拶である。植木等に師事したとが昭和三十八年、それから五十一年……。

　それにしても舞台の場合、企画が持ち上がって初日が開くまで普通七カ月はかかる。それが「やりまっしょう！」と言うてから僅か三カ月！　今まで、座長経験はあるとですが、今回のように脚本から出演者の人選も全てを自分の責任でやるのは初めてですけん、お客さんの入りを真剣に心配もしました。

　お願いしたい作家、演出家やそばにいてもらいたい役者さんと一座を組み、六～七人で旗揚げできればと思うとったとですが、多くの皆さんに賛同してもろうて望外の参加メンバーに感激した。

　ミュージカルの大御所木《き》の実《み》ナナさん、新劇の重鎮横内正《よこうちただし》さん、大の仲良し石倉三郎《いしくらさぶろう》さん……総勢十六人。

　稽古初日、座長から一言と言われた。

「皆さんが思いっきり芝居を楽しんでください。走り回って汗をかく役者の姿に笑いながら、最後に心温まるような舞台となれば最高です。自然な生活の中にある喜劇ば伝えたいとです」

　スピーチ下手の私がスラスラ喋った。今思う座長の私のできることは気遣いくらいのもん。

幕が開いた日、横内さんが言いんしゃった。

「小松さん、ロビーに行ってきなさい元気が出るから。私も長いこと役者やってるけど、あなたへの花の数はハンパじゃないよ！」

舞台に上がるとき、暖簾《のれん》のオヤジさん手書きの〝植木等より〟の部分を毎日両手で挟んで祈った。

いよいよ千秋楽、短い間だけど体調万全で良かったと思い特に感慨はなかった。旗揚げのお礼と千秋楽の挨拶、超満員のお客様の温かい拍手、ウルっときたが必死に耐えた。緞《どん》帳《ちょう》が降りて幕内で手締めをするべく用意をすると、

「**まだ拍手が止みません！**」

拍手が途切れない。二分三分、もうだめだった。止まらぬ涙で思わず片膝ついた。サブちゃんとナナちゃんが両脇を抱えて起こしてくれてのカーテンコール。

「**俺ば泣かせて、どげんするとですな！**」

サブちゃんは博多弁がうまい！

さよならの会

博多の老舗《しにせ》うどん屋「かろのうろん」の瓜生呼希允《うりゅうあきちか》さんが逝かしゃった。幼馴染で二人一緒に博多町人文化勲章をいただいた。

博多を知り尽くした博多の語り部が静かに去られた。無念でならない。

また、昔大変お世話になった下新川端町、元手嶋洋品店のご主人の訃報を、西日本新聞の記者である、当時高校生だった息子さんの秀剛氏から知らされた。

三十数年前、出るつもりでなかった山笠に手嶋の奥さんに強引に締め込みをさせられた。パンツ一丁でオロオロしていると「パンツの上から締め込みしたらアメリカの相撲やないですか！」。

ご焼香に伺うと、白髪の気品溢れる美しいおばあさまがおらっしゃいました。

東京都港区青山葬儀場で植木等を偲ぶ「夢をありがとう　さよならの会」が行われた。

私の敬愛する師匠が三月二十七日に呼吸不全のため八十歳で亡くなった。

「松﨑君」植木等の声が聞こえてきます。

「君はこれから僕のことを何て呼ぶ？」植木等の付き人になったその日でした。

「君はお父さんを早くに亡くしたそうだが、僕のことを父親だと思えばいい」

「……ではオヤジさんでよろしいでしょうか？」

「オヤジさんか」師はニコッと笑って言わっしゃった。

「**それいこ！**」

その優しい眼差しが祭壇の遺影となって私たちを見つめています。花柄のシャツを着て、満面の笑みのオヤジさん。傍らには愛用のギブソンのギターが飾られています。

会場には「シャボン玉ホリデー」のエンディングテーマの「スターダスト」が流れ、芸能関係者、ファンの方々二千人以上の人がお別れを告げに集まってくださったのです。

多くの芸能人の方々が弔辞を読んでくださり、スーダラ節まで飛び出し、本当にオヤジさんらしい悲しさの中にも華のあるお別れの会でした。

最後は私に弔辞をということになりました。多くの先輩方を差し置いて私が最後なんておこがましい、そう言ってお断りしたとですが「付き人として植木さんのそばにいた小松に是非」と言われて僭越ながらお引き受けしたのです。

三月二十七日、オヤジさんは逝きましたが、私は二月二十六日から三月二十六日まで一カ月、舞台の仕事で名古屋におりました。オヤジさんの容態が良くないということは、それより前、一月頃から聞いてはいました。

名古屋に行く前に、どうしても心配で顔を見に行きました。

オヤジさんは壁をつたいながら玄関に出てきて「上がれ上がれ」と言ってくださったが、あまり調子が良くないようなので遠慮しました。

「一カ月名古屋に行きますので、ちょっとご挨拶に……」

それが最後の会話でした。

お盆のせいか、逝かっしゃった方たちのことが思い浮かぶとです。

オヤジさんの思い出

八十歳といえば結構な年は年ばってん、植木等が逝ってしまうなんてこと私にとっては考えもつかんことでした。私はその頃舞台で名古屋におりました。

初日が開いた三日目に、付き人の後輩から連絡がありました。

今日かもしれない、明日かもしれない……と。

私はすぐに奥さんに電話をした。その時つい込み上げて、涙声になってしもうたとです。

「帰ろうと思ったりしたらいけませんよ、あなただけには知らせておかなきゃと思ったの」

それから毎日電話して、その日の容態を聞くようにしました。あとは気力で何日持つかというような状態だったとですが、結局三月二十六日の千秋楽まで永らえられた。

その日は東京に帰ったのが夜中だったので、翌日早々に病院に行くことにして寝たのです。

するとは朝「もう危ない」と電話があり、すぐにタクシーで病院に向かいました。道が混んで時間がかかり、成城駅の近くの病院が見えてきたところで携帯が鳴りました。

「今、逝きました」

奥さんが言わっしゃった。

「**きっとあなたが帰ってくるまで待っていたのよ**」

涙の止まりませんでした。私はオヤジさんの顔を見つめながら、まだ温かかったオヤジさんの手をずっと握っていました。

奥さんの提案で、一番好きだった着物を着せてあげようと私に任されました。付き人時代から何年ぶりだろう。ヘアースタイルをいつも気にしていたオヤジさんです。私はオヤジさんの髪に櫛を入れました。

お別れの会の一番最後の私の弔辞「私はオヤジさんのそばに四十数年間つかえられたことを誇りに思っています」。

セレモニーの最後、祭壇の横の大きなモニターにオヤジさんが映し出されました。

「植木等ショー」のエンディングでした。

画面の中からアップになったオヤジさんがこっちを見て、

「**それでは皆さんさようなら**」

番組の最後の台詞をセレモニーのラストの演出に使ったのですが、その時私はオヤジさんと目が合ったような気がしたのです。その言葉はオヤジさんが私に語りかけている言葉に聞こえたのです。

さよならと告げて階段を上って行くオヤジさん……。

私はハンカチで顔を覆いながら身をくの字に折り曲げて嗚咽しました。隣にいた仲良しの布施明さんが、私の肩をぐっと抱きしめてくれました。

本との出逢い

京王線の急行も止まらん東京・世田谷の芦花《ろか》公園駅。私はこの地に住んで三十数年になる。

この駅の名は明治大正期の文豪、徳富蘆花《とくとみろか》が晩年の二十年をここで過ごし、〝美的百姓〟と称してのんびりとした生活を送ったことに由来している。

昔ながらの小さな商店街があり、私好みの居酒屋からちょいとしたレストランもあり、銀座がなんか、六本木がなんや、と打ち合わせや飲み会も地元で開催するのが鉄則なのでありますす。

つい最近、この商店街の振興組合理事の書店を経営する梅木さんと久しぶりに飲んだ。梅木さんによると、客の最悪は万引きだが、陳列してある本にバッグや傘まで置く人、つばつけてページをめくる人、買った帰りに犬に本を咥えさせて帰る人……。

私も家内も本が大好きだ。昔コマーシャルで「文庫本をジーパンの尻ポケットに入れて旅に出よう！」なんてのがあったが、本に失礼なと腹が立つ。

汚れたら、折り目のついたら、すり切れたらどげんすると心配でたまらん。

本との出逢いは小学校低学年の頃だった。家の近所に大学教授の一家がいて、同級生の男の子がいた。そこの家には玄関を上がるとすぐに七、八メートルのまっすぐな廊下があり、その両側は天井まで届く見事な本棚だった。動物図鑑、童話集、絵本もマンガもある。

「ウヒャー！」であった。

さあ、それから日参である。その同級生は暗い性格だったので友達が少なく、彼の両親からは最初のうちは「仲良くしてネ！」ととても歓迎された。

しかし、私の狙いは本である。「外で遊んでらっしゃい」と言われても、上がってしまえばこっちのもんさ！　ピカピカに磨かれた廊下の本棚にピタンと正座して、一心に読みふけった。

そのうち寝転んだり腹這ったりと、気の弱い同級生が「ネェ、そろそろ外で遊ぼう」と言っても「あ〜と〜で〜」と私。そのうちに彼の母親が嫌がった。

「そろそろ食事だからお帰りなさい！」

「ボクンチハマダデスカラ」

「うちが夕飯なの！」

「ボクニカマワズ、ドウゾユウハンメシアガッテクダサイ」

とうとう私の母が呼ばれて連れ帰されるハメになった。その時私は何で意地を張ったのかわからないが、本を取り上げられて羽交い絞めにされ廊下を引きずられてもなお、抵抗して泣き叫んでいた。

梅木さんが、うちの息子が子どもの頃の話をした。学校帰りに必ず立ち読みをしていたと。将来、本を大事にする良い読書家になるだろうと思ったと。

私が梅木さんに「金を持たせないのが我が家の方針なので、学校帰りに息子が欲しいと言えばツケで何でも持たせてください」と頼んだ。

バカな親だけど、本に興味を持って楽しければと思っている。

シウマイ弁当

旅の公演で山形に行った。同行するヘアメイクのよしみちゃんと、東京駅東北新幹線入口で待ち合わせた。十二時発である。

「昼食はどうしましょう」とよしみちゃん。私は駅弁が大好きである。イッチャン好いとうとが崎陽軒のシウマイ弁当。

「崎陽軒のシウマイ弁当とお茶ば買うちゃり♪」

ところが、シウマイ弁当がどこにもないという。二人して十分も構内を探し歩き、やっと逮捕！　神妙にしろシウマイ弁当め、である。こいつには泣かされた。

名付けて「弁当殴打事件」を二度も起こしている。

ナニちょいと昔、若いマネージャーと仕事で名古屋に行くことになった。ヤッホー新横浜駅でシウマイ弁当！

列車に乗る前にそのマネージャーに「新横浜でのさ停車時間は一分足らずだからさ、出口のところへ行って扉が開くのを待って、サッと降りてサッと買ってきてよシウマイ弁当。あっちの扉の真ん前に売店あるから二つ！　君にもひとつあげるから、ね」

「ボクあんまり食いたくないっすよ。それに乗り遅れるとまずいし」

「君の好きなもの買って来てもいいから、ね、ね」

「わっかりました」

今か今かとシウマイ弁当を待っとりました。

発車寸前に戻ってきた彼は「全部売り切れでしたシウマイ弁当」。

「えーっ！」もう、がっかりして発車した新幹線の窓からホームを見ると、シウマイ弁当を山のように積んだ売店が目の前を横切っていくではあーりませんか。夢にまで見たあの黄色い包みが……。

「あっあーっあれは何だ！　あれはなんだぁ！」

窓ガラスに彼の顔をグシャッと押し付けたら、ポトリと座席の上に何か落っこった。

「うなぎ弁当」が一個、誇らしげにこっちば見とりました。

もうひとつは森進一さんと四国公演に行った時。横浜でしか手に入らなかった崎陽軒のシウマイ弁当が羽田空港でも販売されるようになった頃です。シウマイ弁当を買って、四国で讃岐うどんと……だがいつも買う売店が運悪くその日は売り切れ、ちょっと待っててくれって空港内を走り回り、やっと念願のシウマイ弁当を手に入れ、宝物のように抱きしめて飛行機に乗ったわけであります。

劇場に入り音合わせを早めに上げてもらい、恋人とうどんの所に走りました。な、なんと司会の有馬さんが私の弁当をパクパク食べている。

「有馬さん！　それ私の弁当ですよ」

「あ、そうなの、そこにいっぱい来てるじゃない幕の内」

「これは私が東京から買ってきて、ホラここにマジックで〝小松用〟って書いてあるじゃないの！」

「小松っちゃんもセコイねえ、弁当一つで」

もうぐらぐらこいた。「なんてかキサン！」て胸ぐら摑んで引き倒してしもうた。

シウマイ弁当がからむと人間関係がエキサイトする。なしてかいな。

高倉健《たかくらけん》さん

高倉健さんに初めてお逢いしたのは昭和五十六年、映画「駅STATION」のロケ地北海道函館山の頂きでした。生意気にもスケジュールの都合でロケ隊と三日遅れで空港に着いた私を、制作担当者がロケバスで迎えに来てくれました。

「現場で今、昼食になっておりますので、まず健さんにお逢いになってください」

ドキドキした。広い陽当たりのいい牧草地に三々五々、スタッフや俳優さんが食事をしていた。

「あっ健さんはあそこだ」運転手さんが目の前で停めようとして、心臓が止まりそうになった。

「イヤ、あのずーっと手前で……歩いて行きますので」

横開きの自動ドアが開いた。目の前二メートルに、健さんがいらした。光きらめく切ないほどのオーラでありました。びしっと前かがみになり、

「高倉です。よろしく願います」低く心に忍び入る声でした。

「小松と申します。遅くなり申し訳ございませんでした！」緊張で次の言葉を探していたその一瞬、

「小松さん、豆大福食いますか？」

「はっ？」

「今日東京から届きました。やっぱ、うまいもんはうまいっすよ」昼食をすませたばかりの私が大きな豆大福を目をシロクロさせながら三個も食うてしもうたっすよ。

次にご一緒したのは昭和五十八年「居酒屋兆治」でした。ロケ地は北海道小樽。

「今回の小松さんの役は私から頼みました。存分にやってください」

……今でも目頭が熱くなる。

撮影半ばのある日「小松さん、今晩食事を差し上げたいのですが」

「ハイ、喜んで！」

小樽ロケの間、健さんは知人の割烹旅館に貸切で宿泊しておられた。当日呼ばれたのは

田中邦衛《たなかくにえ》さん、小林稔侍《こばやしねんじ》さん、プロデューサーの田中寿一《たなかじゅいち》さんと私。次々と素晴らしい料理が運ばれてくる。

ところが私以外、誰も酒を飲まない人たちだった。私に四方八方から酌がくる。宴もたけなわ。突如健さん、

「**えー実は今日は、小松さんの芸を見る会として企画しました！　先生タップリ！**」

いつもと違う、お茶目な健さんだった。私は奮い立った。目の前の健さんが仰向けに転がって笑っている。電線音頭を踊る健さんを想像できましょうや？

宴も終わり、これまた健さんの貸切の喫茶店に寄った。

貸切のはずなのに、一人知らぬ人が健さんにカメラのシャッターを切っている。

私はその人に「健さんは今プライベートなのでそっとしておいてくれませんか」と……。

その翌日、邦衛さんがいつもの口をひん曲げて、

「お前よう！　昨日カメラを持った人説教してたろう。あの人は健さんが心を許して全てを撮ってくれと頼んでる人だぞ！」

知らなかった……。

「申し訳ありません、出過ぎたことをして……」

「いやぁ小松さん、この高倉を庇ってくれてると思って嬉しかったすよ！」

……その健さんはもういない。私の大事な大きな宝の話です。

セスナでフライト

大好きなケーシー高峰師匠の漫談を聴きに行った。この方ほど歯に衣着せず喋れる人は他にないだろう。芸風と違うてナイーブでデリケートな方です。私は心より尊敬し、可愛がっていただいとりました。

家内の実家とケーシーさんの実家が同じ山形県の新庄市、ケーシーさんの実家は門脇医院といって医者一家である。特にお母様は有名な産婦人科医でいらした。ご自分も医者になるべく日大医学部をあと三カ月で卒業というとき、すっぱり退学された。

「なぜまた、退学を？」と聞いても「いろいろあったぜ、セニョール！」と笑い飛ばされる。

ケーシーさんの医事漫談は本物なのである。

ある日ドラマでご一緒してその打ち上げパーティーの時、ケーシー師に最後の挨拶をと

いーち！


いうことになった。

師、粛々と「皆さんお疲れ様でした。私ごとで恐縮ですが奇しくも今日は月末の三十一日……本日をもって残念ながら……芸能界を引退させていただくことになりました」。

場内「エーッ！」私は人より以上に「エーッ！」。

「私の最大の理解者、大切な母を昨日亡くしました……もう立ち直れません……」。

なお、気持ちを改めて明日一日より復帰しようと思っております」場内爆笑！

それからケーシー師の甥御さんである外科医師の飯島先生の操縦するセスナに乗せられた時の話である。

ちょうど同じドラマでご一緒したとき、暮れの二十九日に撮り終わり、明日から休み。

「正月、山形に帰るの？」「切符取ってないので今年はやめました」

「でも帰りたいんでしょ？」「子どもも随分大きくなったので連れていくと喜ぶとは思いますけど」

「じゃあ甥っ子がセスナの練習してるから、それに乗って練習フライトを山形にしてそれで行けば？」

「え？」

「いいじゃない、行け行け！」「ですが免許持ってないって……」

「大丈夫、教官がちゃんと横に乗ってるから」

家内に相談すると、行ってみたいという。あまり気乗りしないまま行くことにした。家内と子どもはキャッキャと喜んでいるが、私は恐くて下を向きっぱなしで吐こうごとあった。

結局、山形空港は雪で降りられず、仙台空港に行かされた。その飛行機の揺れること、死ぬかと思った。教官の丸めた新聞紙の棒が、

「もっと高度を上げんか！」バシバシと飯島先生の頭に飛ぶ。

「ディスイズスリーフォースリーワン、なんとかかんとか……」全部空港とは英語で交信するとです。

「これから降りますのでご指示ください」

「滑走路に降りたら五番ゲートに入りなさい」全部英語。

ドッシーンと舌を嚙むような着陸をした。

「ヘタクソ！」バシンと教官。

「五番はそっちじゃない！」

「え？」

急ハンドルを切ったら、ブブブブブとエンストしてしもうた。指令所からどうしたって英語がくる。

「ハイ、今あのエンストしちゃったんです」

泡食うとこっちは日本語になっていた。

後で教官、「**本当に今日の天候は危なかったんですよ**」。

英語の授業

木全重敏は平成二十六年十一月永眠致しました。……一月葉書が届いた。重敏やけん「ゲット」があだ名やった。同じ瓦町で幼馴染、博多二中で同じクラスで席も隣どうし、何十年も逢わんやったとに、つい一年前博多で彼が役員を務める会社での講演を頼まれた。

実に非の打ちどころがないスケジュールの調整、連絡現場での心配り、「気ぃ遣うてもろうてすまんね」「あんたに恥かかせんごとたい」。中学時代を思い出す。

「スタンダップ」と級長、全員が立つとみんな揃って

「グッドモーニングティーチャー、ハウアーユー?」

東京から若い女の英語の先生が転任してきた。髪がポニーテール、スーツの襟を立て、仮面舞踏会のような赤縁のメガネばかけとんしゃる。で、先生、

「アイアムファァイン、サンキュー、アンドユー?」

「ファインサンキュー」てやって、

「グード。シットダウン」

これば毎回やらされるとですばい、恥ずかしゅうてねぇ。そんな授業中、横の「ゲット」にわざと「今何ページばしようと？」と大声で聞いた。すると仮面先生、

「ドントトーク！　ミスター松崎、スタンドアップ！」

しぶしぶ立つと、

「コレをエイゴでナントユウデスカ？」

ハワイの二世が喋るごと鉛筆をキザにつまんで言った。

「ペンシル」

「ノウ、ペンソー！」

「はあ？」

「デワ、オカアサンワ？」

「あー、マザー」

「ノウ！　マデル！」

「えー小学生でも知っとうよなあ、母ちゃんはマーザー、父ちゃんはファーザー！　あ、

俺んがたの母ちゃん、デパートのことばデバートて言う。駅のことばステンショって言いよる。先生発音の古かとやないですか！」

教室は大騒ぎ、先生ワナワナと震え「今日は自習！」と大股で出て行った。

「ヤーイ自習だ、自習だ！」と騒ぎまくっていると、用務員さんが来て、

「松﨑君、上野先生が職員室に来るようにと」

さすがに職員室は恐いところという認識があり、上野先生の机の脇まで行って「松﨑来ました」。

「……」

「松﨑ですが……」

「……」

先生、書き物か何かしながら見向きもしないで黙っている。五分も黙ったまま立たされている。

他の先生が通るたびに「また何かやったのか」ってパチンと頭を叩かれる。

やっと「外に出ようか」職員室からグランドに出た。

ポカポカ陽気の三段程の階段に二人して座り、先生遠くを見たまま「今日は松﨑君どう

したの……先生ね……あなたのこと一番好きな生徒なのに、今日はどうかしてたのよね、きっとそうよね……」ってわんわん泣き出しんしゃった。私も自分自身にやたら悲しくなってオイオイ泣いて、最後は何かようとわからんけど「頑張ろうね、頑張ろうね」になった。その後、上野先生の推薦で校内英語弁論大会に出場、なんと優勝してしもうたとです。

今でも、その時のスピーチの内容を覚えている。

「ゼアーラーフォーシーズンズインナイヤー、スプリング、サマー、フォール、アンドウインター……」

上野盟子先生はご健在でしょうか？

駄菓子屋のおばあさん

博多に帰ると、山笠時期は当然だが必ず櫛田神社に詣でる。裏門の前が実家ということもあり、今は亡き幼馴染の瓜生さんが大将であった「かろのうろん」屋さんで「ごぼ天」うどんを食べ、近くの同級生の橘君の「丸万食堂」でオムライスを食べる。がらんとした境内の大ギンナンの下に佇む。私はこの櫛田神社の子供会の会長も務めた。

昔、子どもたちが三々五々集まっていろんな遊びをした。

何といっても博多っ子の男らしさは、コマであったろう。東京で見たベーゴマは「なんな、こら?」だった。

コマの鉄の芯棒を、全部自分で納得いくまで調整するのである。一寸のブレもないように芯を澄ませる、そしてやすりでギンギンに尖らせ、一発で相手のコマと叩き割るのが狙いで、これを「いっきょん」と言った。

それから「パッチ」。瓦の上に無造作に並べ、外に出した者に取得権がある。東京ではメンコというらしい。

ビー玉、クギ倒し、カン蹴り、陣取り、暴れごー、石蹴り、馬のり、巻火薬の百連発の撃ち合い……こんな遊びをしながら午後四時頃になると、火、木、土曜日は子供会の会長たる私が全員集合を掛けて、境内の端にある宮司さんの奥さんの部屋に集まり、茶の湯の作法会が始まる。

そして来る正月には子供会は櫛田神社にどうお手伝いができるか……と話し合う等、中々のもんでありました。

今や大繁盛の、裏門の階段のところに焼餅屋さんがあるが、荒牧さんという山笠のぼせの博多の代表みたいな後輩である。

「あんたんがたの餅はアンコの少なかもんね」と冗談でテレビで言うたら、しゃあしゃあと「甘さ控えめにしとります」げな。よか男です。

その荒牧さんがところに私たちが子どもん時、コマば買うたり、アメ、ビー玉、スルメ、パッチ、ゴム銃、いわゆる何でもある駄菓子屋さんがあった。

何が不満かいつも不愉快そうな顔して、着物の襟に手拭をかけていたオバさんが一人。

その小太りの身体で喚《わめ》いていた。アダ名はイモ錦。どういうわけか、焼き芋ばかり食っていた。

「なんも買わん奴は帰れ！　品もんに触るな！　ゴム鉄砲が壊れた？　うちの責任やない！　ウルサイ！　みんな帰れ！」……。

私が植木等師を卒業して、初めて博多に帰った時、まだその駄菓子屋さんがあった。頭が真っ白な猫背のおばあさんが居た。誰一人客のいない店の真ん中で、ウツラウツラしていた。

「おばあさん！　こんにちは！　俺ば覚えとう？」

ギョっと目を覚ましたおばあさん、顔が真っ赤になって、昔と違うニコニコ顔でウンウンと頷きながら、いきなり大きな紙袋にその辺りの売り物の品を無造作にザクザクと詰め込んで、私の目も見ないで差し出した。

「昔、お世話になったとですばい！」

小さな声でばあちゃんは「コマツ……マサオ」と言った。その目にポトッと涙を見た……。

私もズルとすすり上げた。

イマドキの結婚式

いやぁ、あっという間に十二月。それにしても忙しい年でありました。「月刊はかた」原稿を遅らせたことのない私めが、締め切り間近で旅先のホテルの一室でシッピツしておるのであります。

十月東京、シアタークリエで高畑淳子《たかはたあつこ》さん主演の「土佐堀川」を一カ月公演。十一月から、この作品を全国八都市でツアー公演の最中、今度は富山公演の夜なのであります。

この作品は亡き森光子《もりみつこ》さんが演じた「放浪記」に通じるものがあり、副題は「近代ニッポン——女性を花咲かせた女、広岡浅子の生涯」。

私はこの浅子の舅《しゅうと》を演じるのだが、連日満席。森光子さんの「放浪記」は二千十七回の大ロングラン、この「土佐堀川」はこれに準ずるような気配がする。

いーち！

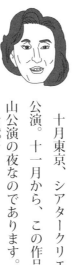

この作品に限らず、楽屋口にはサインや写真を求めてくるファンが必ずいるが、最近はちょっと違う。

ビデオを持って「小松さん！　ヨシコちゃんケンちゃん、結婚おめでとうと言ってください！」というのである。最近必ずある。

結婚式というと私たちの時代は厳粛な儀式やったと思とったとが、最近は何といっても教会が主流、仲人やらなし、花婿は頭ツンツン、キャバクラの支配人のごた服を着て、花嫁はピンクの頭にミニのドレス、牧師さんの前で「汝と汝は今何時?」、バージンロードば歩くお父っつあんの歩調のあわんこと、可哀そうですバイ。

最近私の知り合いの男が四十五歳で式を挙げた。私がキューピットということで出席した。驚いた。

二人が一段高い所に座り、バックにスクリーン。夫が座ったまま司会し、パソコンを操作。馴れ初《そ》めやら、旅行の写真やら……。まあ、よござっしょう幸せならば。

ビデオレターといえば、今やテレビで超売れっ子の博多《はかた》華丸《はなまる》サン。彼に頼まれ、相方の大吉《だいきち》サンの結婚式のために、真夜中にビデオレターを撮ったことがあった。

私はキモに銘じてることがあるとです。

「結婚して一回目は義理でも客は家に来てくれる。でも二回も三回も来てくれるのはカミさんの力だよ」
そうビデオレターの中で言った記憶がある。

いーち！

チンドン屋

長かった地方公演「土佐堀川」も、全四十公演を無事仙台で打ち上げた。何よりも地方公演で体調ば崩したらどうしようとか、怪我ばしたらとか、今まで真剣に考えたことのなかった私がこげんホッと安堵したことはない……。

かくて平成三十年、おめでとうございます。小倉公演もあり、博多まですぐであり行きたいと思ったが、次の日の移動のことを考えて我慢していたら、博多から友人が芝居を観に来てくれてチョットでいいけん博多に行こうと誘ってくれた。

「二時間くらいかかろう？　ちょっと無理ですばい！」と言ったら、

「何がね、新幹線で十七分よ！」

うひゃぁ、十七分！

新しくなった博多駅に着いて二人で駅の中ば見て歩いて、どこにも行かず駅の中の立ち飲み屋みたいな店がズラーと並んどるとこでモツ鍋と焼酎ば飲んで、そのまま十七分で小倉まで帰った。いやぁ、旨かったモツ鍋！

ところで小倉で今時珍しかチンドン屋さんを見た。昔と違うて、今は全国チンドン大会というコンテストまであって、芸術的で、私が見たのは五人組で楽しくてつい足を止めて十分も鑑賞させてもろうたとです。

楽器を鳴らして宣伝して歩く人ばチンドン屋さんと思うとったとばってん、あれは何の宣伝やったとかいな？　そげなこたあどうでも良かほど勉強になった。

……実は、私の心の中には時々ふと思いついたように広がる幻想的な風景がある。

チンチン電車の終点に広がる広い野っ原。その中になぜか、着古した半ズボンにランニングシャツの私が寝っ転がっている。

夏の終わりの頃の、気持ちいい風が時折周囲の青草ば揺らし、汗ばんだ身体の上を、ひんやりと渡っていく。青く澄んだ空の真ん中に、ぽっかりと白い雲が浮いている。古びたトタン屋根の操車場には疲れば癒しているかのように電車が数台静かに横たわっていて、錆びついた線路がゆるくカーブを描きながら草むらに埋もれている。

風の音しか聞こえない。その昼下がりの野っ原に、小学生の私が一人……。

と、どこからともなく、

「タッタラタ、トッタラタ」とチンドン屋さんの鉦《かね》の音が聞こえてくる。

「チンチンチカドンチンチンチカドン」

むっくりと首だけあげてその方を見ると、白く厚化粧をした女の人が鉦と太鼓を叩き、チャップリンみたいな恰好をした男の人がクラリネット。「タッタカタ、ピッピキピ」。誰もいない野っ原を二人して、楽し気に踊っている。オーバーな振り付けで広い野っ原を縦横無尽に走り回って「チンチンドンドン！」。

何しろ人っ子一人おらんのです。楽し気に、楽し気に。私はただ夏草の間から首だけ出して、じっと見つめている。

楽しいけどどこかもの悲しい。そんな風景がなぜか何度も現れて、私の心を満たしていくのです。……何の記憶だろうか？

ドタバタ司会

帝国ホテルに日本ロータリークラブ東京中央さんからお招きをいただいた。三十分程のスピーチをということであったが、今日は紳士の集い、私はまじめな話が下手である。テーマも決まらず、腹決めてスピーチ台に立つといきなり会場から、

「**ヨッ小松の親分！**」

「**電線音頭！**」

どっと会場が沸いた。えっ？　ほんなことですか？　こうなりゃこっちのペース、三十分で足らんこと乗りに乗ったとでした。

長いことこの仕事ばしよりますが、結婚式の司会ほど難しいものはなかでっしょうや。ホロリとさせたり、笑わせたり、司会の進行が腕の見せ所ですたい。

昔友達の息子の結婚披露宴での話です。同僚とか友人に司会を頼んだとでしょうね。行

き当たりばったりの即妙の面白さを狙うたか、進行の段取りは決めてなかったと見えます。

司会者、「式も無事終了致しまして、いよいよお待ちかねの披露宴！　ドンドンバシバシ行ってみようと思います。まずのっけから笑いの渦！

トップバッターは新郎の学生時代の御友人で落語研究会におられた山本さん！　この方の小咄《こばなし》はもう最高、山本さんどうぞ！」

山本さん、まさかトップに指名されるとは思ってもみなかった様子で、ものすごく緊張してヨロヨロと目も虚ろに登場したのです。

「え～ご紹介にあ、あずかりました、や、山本でえす。ではあの～誉めちゃおうかな……え～新婦と掛けまして富士のお山と解きます。その心は、日本一美しい……ハハハ、仲人さんも誉めちゃお、仲人さんと掛けまして幼稚園のお遊戯と解きます。その心は、結んで開いて！　なんちゃって」

……シーン。

「ハハハ……」

受けが悪いのと緊張に脂汗を浮かべたまま、その場にドテンとひっくり返ってしもうた。

場内騒然！

「救急車！　救急車！」

「そのまま寝かしとけ！」

司会者「ただいま救急車が参りました。山本さん担架に乗って退場します。拍手でお送り致しましましょう！　やーまもと、やーまもと！」大騒ぎ。

「それでは次に、新郎の伯母様をご紹介致します。宝生クマ様は八十四歳になられましたが、まだかくしゃくとされお歌をご披露くださいます。どうぞ」

コの字に曲がった腰、大丈夫かいなと思えるほどつんのめりながら、それでも白のボレロに黒のロングスカートで決めとんしゃる。

司会が「宝生様、マイクをどうぞ」。

「いえ、私はマイクは結構でございます」と言ったかと思うと、それまでの腰がスックと立って、両手を胸の前で組み合わせ、斜に構えるや否や、

「だ〜れかさんとだ〜れかさんが麦畑！」

ブレークして客席をハッタと睨んだときの迫力！　そのソプラノで、そばで寝ていた赤ん坊がギャーと泣きだした。

司会者は「宝生様は昔、藤原歌劇団におられたそうです」。

ほんなごとのはなしです。

にーい！

タモちゃん

日本橋三越劇場で日本喜劇人協会主催「天国のシャボン玉ホリデー」を上演した。ハナさんを始めクレージーキャッツの皆さんも七人中六名が逝《い》かっしゃった。私のデビュー作がシャボン玉ホリデー。そんな話の中から企画会議の席で、

「そうだ、天国でシャボン玉ホリデーばやろう、クレージーも裕次郎《ゆうじろう》さん美空《みそら》ひばりさん、エノケンさんも、プレスリーもマリリン・モンロー、マイケル・ジャクソンもノーギャラで出てもらえるぜ！」

冗談から駒である！

我が喜劇人協会には当時、シャボン玉の脚本ば書いとらっしゃった河野洋さんがおられる。副会長藤田《ふじた》弓子《ゆみこ》さんの旦那さんである。演出は会員のワハハ本舗の喰始《たべはじめ》さん。私は植木等役である。劇場も大いに盛り上がった。

終演のたびに楽屋の入口付近は、当時を懐かしむそれなりの年輩の方々でごった返した。青島幸男夫人と娘さんの美幸《みゆき》さん、渡辺プロ名誉会長の美佐《みさ》夫人、ハナ肇氏の娘・ゆかりさん、谷啓氏の息子やっちゃん、その他いろいろと……。

しかし不思議なことに、私のところに見も知らぬ若い十代らしい人達が入れ替わり立ち替わり訪ねてくる。悪い気はせんばってん、

「君達は私のことを知ってるの？」

「ユーチューブで見ました。昔、タモリさんとコンビだったんですよね？」

なんなそげな事やったとか。リンゴの齧りかけのマークの付いた銀板ばいつも見せられる。

昔赤塚不二夫《あかつかふじお》さん、後に「笑っていいとも！」を立ち上げた作家の高平《たかひら》哲郎《てつお》さん、ＮＨＫ「お笑いオンステージ」の滝大作《たきだいさく》さん、皆大の仲良しで、しょっちゅう我が家に集まって家内の作る名物チャンコで宴会をしていた。多い時は二十人も。そうそう作家の伊集院静《いじゅういんしずか》さんもいた。

ある日高平ちゃんから新宿に面白い素人がいるけど行ってみないかと誘われた。そこで見たのが、森田《もりた》一義《かずよし》君であった。客がリクエストすると顔色ひとつ変えず応えてみせた。

にーい！

尻に火のついたローソクを差したり……。

　そのうち我が家にも飲みに来るようになり、そこから数々の瞬間芸が生まれた。寿司将棋、ＵＦＯを見た、製材所、京劇、コンドルの着地、汽車……もう切りんなか。

　ある日仲間の団《だん》しん也《や》と二人でご機嫌でやってきた。

「おう、なんな今日は早かな」

「へへ……息子さんが生まれたんですって？　今日は子ほめに来ました」

「ありがとう、まだ一週間だから酒臭い息かけないでくれよ」

　と、森田君「ガラガラは無いとですかね？」。

「まだ置いてないんだよ」「なら取りあえず今日は」

　いきなりズボンとパンツを脱ぎ、籐《とう》のゆりかごにまたがり、息子の顔の近くで「ホーラガラガラ」と腰を揺する。

「やめろ、目に汚い粉でも入ったらどうする！」

「大丈夫デース、まだ目の開いとらんけん」だと……。

　そのゆりかごは桃井《ももい》かおりさんからのお祝いに貰ったものだった。

　タモちゃん、息子は三十五になったぜ。

にーい！

糖尿病と痛風

何事も「おおまん」の私が、このところせっせとウォーキングに励んどります。もう十五年も、ハナ肇さんの主治医だった松川和世先生に年一回ＣＴスキャンまでする人間ドックで検査を受けています。

この歳になるまで風邪をひく程度のことはあっても、入院するような病気をしたことがない。胃も肝臓も丈夫。「親に感謝しなさい」いつも先生に言われていた。

二、三年前、「今は気になる程度だけど、血糖値が少し高い。糖尿病予備軍ですよ」

「どうすれば良いのでしょう？」

「今日から十日間酒を止め、毎日三十分歩いて、また血液検査をしてみましょう。根性あったらやってみて」

この、根性という言葉に私は燃えた。ようし俺も男だ、山笠たい！　訳のわからん誓いを立てて、七キロを十日間歩いた。

そして検査、「頑張ったわね、基準値近くまで戻ってる！」。

それで甘く見た。少し酒を控えて歩けば大丈夫なんだと、その後すっかり忙しさにかまけて食いたい放題飲みたい放題、ウォーキングやらせんせん！

家内に尻を叩かれてやっとその気になり、しばらくぶりに先生を訪ねた。

「ホーラ、さぼったから血糖値が上がってる。糖尿をなめたら駄目よ、合併症が怖いんだから！　白内障、脱疽、痛風……」

「ウヘエ、えずかあ！」

今は食事、酒の制限で冒頭のウォーキングになっている。

もう何十年前になるやろか、京都東映撮影所で大岡越前にレギュラー出演している時の話である。

私の同心の赤垣伝兵衛が下手人の浪人を厳しく詰問するシーンを朝九時開始で撮る予定であった。時代劇の九時開始といえば、かつらを着けたり扮装に一時間はかかる。私は八時五十分にセットに入った。ところが相手役のよく知られた俳優さん、十時になっても現れない。

やっと十時半頃、顔面蒼白で平蜘蛛のように這いつくばって、

「**も、申し訳ございませぬ〜！**」

もう芝居が始まったのかなと思うほどのセリフ回しで「た、体調思わしくなく、病院に寄りましたところ院長不在にてこの有様！　ひらに、平に……。小松様すまんことでござりました〜！」。

「気にしないでください。それにしてもどこがお悪かったので……」

「痛風で膝が痛くて歩けぬ状態でありまして」

「痛風ですか、痛いんですってね。風が吹いただけでも痛いそうですが、蛸を食べると良いといいますね」

「蛸？　蛸は一番悪いと聞いとりますが？」

「いやいや、〽ツーフータコかいなってね、ハハハ」

セット内がワッと受けた。少しでもその場の雰囲気を楽にしてあげようと思ったのである。

ところがその老役者さん目をカッと見開き口をワナワナと震わし、尻もちついて私を震える人差し指でいつまでも顔に向けている。

監督苛立って「さあ行くで、今日はカット多いんや！」。
老役者さん、立ち上がりながら小さな声で「ホンマに蛸やろか？」。

にーい！

レプリカの優勝カップ

昨今の日本は深刻な少子化ですたいね。私の身辺では博多二中が一中と合併して博多中学になり、まさかの櫛田神社横の冷泉小学校がのうなり……。

私は当時訳あって六本松の草ヶ江小学校に電車通学ばしよりました。その頃は逆に子どもが多く教室が足りず「二部授業」と称して午前と午後の部が交代で教室を使用していたのです。少子化やら考えもつかん時代でした。

ところが私が現在ウォーキングをしている世田谷の烏山《からすやま》はまだあちこちに畑があるのどかな高速道路下を歩くのだが、びっくりする。少子化って本当というくらい子どもが多い。

初めて知ったのだが前後にシートがついた、つまり親子三人乗りの自転車がまるで行列のように走り廻っている。私のコースにしてある子どもの公園を横切るが、シーソーにブランコ、すべり台やジャングルジム、大勢の子ども達をよけながら砂場の横を抜ける。

ある日その砂場の隅っこに小さな銀色に光るものがあった。次の日もあった。とうとう拾って見た、それは所々がへこんだ小さな優勝カップのレプリカだった。子どもの頃を思い出した。

「母ちゃん十五円やり」

「一日五円て決まっとろうが！」

優勝カップの形をして飲み口の方から口にくわえて息を吹くとヒューヒューッと鳴るその十五円のカップが欲しくて堪らなかった。

「ねー、やり」

「せからしか……」

二部授業の午前の部の中休み、砂場で遊んでいたその時、夢にまで見たあのカップが砂の中にチラッと見えた。私はドキドキした。

鐘が鳴って全員が教室に向かう時私は思わずポケットに入れてしまった。昼までの二時間、ポケットに手を突っ込んで何度も何度も苦悶した。こんな事をしていいのか？

「ハイ今日はこれまで、また明日ねェ」と先生。

私はとうとう叫んだ。「先生これ落としもんです！」

「えらかねえ、松﨑君が届けてくれました。これ落とした人おらん？　ならここに置いとくけん心当たりのある人は持って帰りんしゃい」と教壇の横の机の上に置いた。

帰りに思った、誰も心当たりがないなら黙っとったらよかったと……。

夕方午後組が終わった頃教室に忍び込んだ。カップはそのまま置いてあった。帰りながら何度も何度も力一杯吹いたヒューヒューと。夕方家に着いてまた、後悔した。自己嫌悪で寝られなかった。

朝七時、訝《いぶか》る母に「早起き当番やけん」と嘘ついてまだ閉まっている校門を乗り越え、誰もいない教室の元の場所にそっと戻した丁度その時、先生が来た。

「あらあ松﨑君早かね、どげんしたと？」

私は急に悲しくなってしゃくり上げながら一部始終を話した。先生はニコニコして優しくハグして「泣かんでよか、これはあんたんと」とポケットにカップをすべり入れた。

そして大きな声で「**正直が一番！**」。

……忘れません、久保シマ先生。

久保シマ先生

自分でも驚いたとですが、これまで私が使っていたギャグが六十以上もあるということです。テレビ局のプロデューサーが覚えている限りをボードに書き出してくれました。見つめていると、その一つ一つのギャグの短いフレーズの中から懐かしい顔や憎たらしい顔、笑顔、泣き顔がどんどん湧いてきました。私のギャグは自分で考えたものは一つもないのです。

ふとすれ違った人、たまたま隣に座っていた人、飲み屋で出逢った人、そんな一瞬の出逢いでその人が発した言葉を私なりにデフォルメしたのが「電線音頭」になり「しらけ鳥音頭」になったとでした。私は人が見逃すような小さな出来事を好いとうとです。

伊東四朗さんに言わせると「小松は重箱の隅をいつもほじくっている……」と。私の芝居の根は人間ウォッチングなのである。これらの人に支えられて今の自分があるんだとつ

にーい！


くづく感じています。

久保シマ先生のふとした言葉をもらったギャグの誕生話である。

小学校低学年担任の久保先生、黒板に算数の問題を書いている。

「それではハイ、こっちを向いて、二たす三はいくつだ？　誰にしようかな、誰にしようかな、一人だけ手の上がっとらん、ハイ松崎君！」

私は咄嗟のことでドギマギした。

「えっと、えと、よん！」

先生両手を胸にクロスして首を振り振り、

「あれ〜？　なぜかしらぁ、なぜかしらぁ、ニンドスハッカッカ、まあヒジリキホッキョッキョ。そうやろかな、違うっちゃないとぉ〜」

それがニンドスと言ったのかニンジスと言ったのかどうかは今もって不明なばってん、私にはそう聞こえた。

「**なぜかしらぁ、なぜかしらぁ**」

と言うお年を召した先生がとても可愛かったし、ニンドスハッカッカ、まあヒジリキホッキョッキョというのが大人になってからも耳から離れず、ある時ふと思いついてギャグに仕立てた。

「**ニンドスハッカッカまあヒジリキホッキョッキョ、ガーチャマンに負けるな負けるなガッチャマン！**」

これを初めてテレビでやった時、クレージーキャッツの谷啓さんが「小松、これは音楽的にとても素晴らしい。あの〝まあ〟という部分は考えても考え付かない高度な技である」と……。

だから私もいつまでも忘れないでいたとでしょうね。

それもともかく、二たす三も答えられないこの私に、少しでも頭が良くなるようにと先生はおまじないをかけてくださったのではないかと今でも思っている。

それとも古い博多言葉にこげなとがあるとやろうか？

ご存じの方おらっしゃったら、おせえてやんなっせ。

焼鳥屋の男と女

私は人間ウォッチングが好きである。今思い出しても笑っちゃう。

人間の優しさ、楽しさ、哀しさ、凄さ……。いろんな人との出逢い、誰にでもある出逢いかも知れんばってん、その出逢いに気づかず素通りしてしもうとったら、こんなもったいないことはない。せっかくの人生の楽しさ面白さが半減してしまうと私は思うとです。

やっと一人立ちできた頃の話。

私はよく飲み屋に一人でフラッと入る。ある時入った店は、赤ちょうちんにのれんが掛かった焼鳥屋で、やたらと長いカウンターがあり、仏頂面の無口なオヤジが真ん中に一人。客が入って来ても入口の方を見もしなければ顔も上げんで低い声で一言ボソリ、

「らっしゃい！」

アジもソッケもない。常に視線は下で焼鳥をひっくり返し焼きながら、

にーい！

「何人さん？」

あっちでは「ハイ、お酒」「ハイ、おしんこ」くらいしかしゃべらない。

そんな店で一人チビチビやっていると、いろんな客がそれぞれ独自の世界に浸りきっているのに気づくとです。オヤジ自身がうつむき加減の世界に浸りきっているから、それがとても心地よくさせるとやろう。

ネジリハチマキのおいしゃんが左手をハラマキに突っ込み、コップ酒で足を組み「もう我慢できねぇ！」なんてやっている。

奥のカウンターではサラリーマン風三人が「いいから俺の話を聞けよ、俺はあの娘にさ……」。

どういうわけか、和服のヒゲの紳士がチョコで一口飲んでは背筋を伸ばし熟考している。その真横で野球帰りの応援団「〽チョイと東京音頭！　ヨイヨイ！」。

店のオヤジは周りがいくら騒がしかろうが、一向に気にする風もなく視線を落として焼鳥パタパタ。私はこの光景がたまらなく楽しい。

と、私の右が二つ三つ席が空いていて、その横にはリーゼントでビシッと決め、金《きん》のカフスにアルマーニのスーツの色男が水商売風の女性といるわけです。で、女性がその男の

袖あたりを引っ張りながら涙声で
「ね、どおしてなの、どおして、おせえて！」
低い弱々しい声だった。
「どおしてどおして、おせえて」
男の方はムスッとして「考えろ」くらいしか言わない。とまた
「ね、どおして、どおしておせえて、ね、おせえて私の悪いとこあったら直す、おせえて
どおしてなの……」
あっちがワアワアギャアギャア騒いでいるのに、私の耳にはこの「どおして、おせえ
て」しか入らなくなった。
一分で十回は「どおして」である。
「どう」してではなく、「どお」してである。しかも「おしえて」じゃないところが心に
残った。
楽屋で伊東四朗さん、
「小松ちゃん、今日は遅くなるらしいぜ」
「**どおして、おせえて！**」

このギャグは瞬く間に広がった。それにしてもあの女性の鼻水とアイラインの黒い涙の悲しそうな顔が、今でも忘れられない。

小《お》野《の》田《だ》寛郎《ひろお》少尉

思い起こせば、本当にさまざまな人と出逢うてきました。面白か人、おかしな人、すかん人、とんでもない人。

ばってが、そげな人たちの、実は優しさやら目に見えん励ましのあったおかげで、いろいろなギャグが生まれ、長いことこの芸能界で生きてこれたとつくづく思うとであります。

私にサインを求めるファンはほとんどの方が「**あんたはエライ！**」と書いてくれと言わっしゃる。「あなた」ではなく「あんた」でなくてはいかんとです。

昭和四十九年、フィリピンのルバング島に残置諜者、つまりスパイとして戦えと命じられ、ゲリラ戦を継続していた小野田寛郎少尉が三十数年の時を経て帰国した。終戦を信じず、最後まで軍人として生き抜いた方である。

にーい！

私はテレビのドキュメントで、政府の厚生省のお役人と寛郎さんのご両親がルバング島に行き、探索したが見つからず、寛郎は生きているとのご両親の嘆願も虚しくあっさり打ち切られ嘆き悲しんでおられたのを見た。

ならばとご両親、自費で何度も、何年にも亘って島に出かけ、ジャングルの中を汗まみれになってハンドトーキーで「ひろお！　戦争は終わりましたー、出てきてください！」

その悲痛な姿を私は忘れられない。

その小野田さんがルバング島から帰ってきた。飛行機が羽田に着くと大報道陣が待っている。テレビ生中継、飛行機を降りてくる小野田さん、赤い絨毯の先にお父さんお母さん、感動的な出会い！

ところが飛行機のタラップの下にすぐお父さんお母さんがいるのではなく、二十メートルくらい離れたところに緊張の極みで直立不動。

お父さんは二十年に一度の背広姿のようで、お母さんは和服であるがお年のせいか大抜き衣紋《えもん》。ご両親の横でアナが絶叫する。

「小野田さんが今、三十何年か振りに日本に帰ってこられました。お母さんのところに一刻も早く来てもらいたいですねぇ」

それを言うのも、タラップを降りてくると変な代議士とか厚生省の役人とかが小野田さんを取り巻いて、名刺を渡したり握手をしたり、向こうで待っているご両親はほったらかし。私はその時とても腹が立ったことを覚えている。はよう父ちゃん母ちゃんのとこへ行かせんか、キサンたちゃあ！　……と。

やっとお母さんの前に来た。

アナウンサーが「お母さん、寛郎さん帰ってきましたよ！　良かったですねぇ、寛郎さん、お母さんはねぇ、ずっとあなたを捜してねぇ、ルバング島！　このお年でねぇ、ずーっと探してたんですよ！　感激ですねぇ。さあお母さん、お声をかけてください」。

と、お母さん、下の歯二本だけになった口を大きく開けて
「ひろお！　よう生きて帰ってくれまった。あんたはエライ！」

小野田少尉、直立不動で「あ、あい……」。このエライのイントネーションは関西弁。

私の視点はあくまでお母さん、日本の母である。誰にも明かさなかった、私の秘密である。

酔っ払いオジさん

京都の太秦《うずまさ》が時代劇のメッカであった頃のお話であります。

東映・大映・松竹撮影所が隣接しており、昼時など役者さんは皆かつらを着けたまま近所の定食屋に入ったり、お公家さんの扮装でご丁寧に烏帽子を被ったままパチンコばしたり。町の人は慣れっこで、誰も振り返りもせんとでありました。

私も東映でレギュラーを持っていて、週五日も京都暮らしばしよりました。その京都の新幹線のホームでのことでした。

白線の近くで列車を待っていると、向こうの方からモーニング姿のオジさんがフ～ラフ～ラしながら来んしゃった。

クシャクシャのすだれ満月の頭、ひん曲がったネクタイ、手には「寿」と書いた紅白の引出物ぶら下げて、

「〽タカサゴヤッと、このウラフネにってか」

日焼けした黒い顔に、唄うたびに見える獅子舞のような金歯が光って完全に酔うとんなさる。白線スレスレをヨレヨレで歩いてくる。

自分でホームの柱にぶつかっておきながら「あんだァ、その態度は」なんてやってる過激な酔っ払いオジさんなのであります。

〝目線合わすとやばいな〟って思いながらも、ホームから転げ落ちるんじゃないかと心配だからチラッと横向いたら、バッチリ目線の合うてしまった。

「おーっ、オミャーッ、知っとるぞ、こないだ見たど」

知らんぷりして通り過ぎてくれるかな？　の考えは甘かった。

「やい！　人が話しかけとるのに、なんたる事サンタルチアア！」

「オジさん危ないよ、こっち来てこっち」

「ウッセイ！　おみゃーはな、ウン知っとる、やっぱあれだ、アレやっとるタワケだやっぱ！」

電線音頭を踊りながら私の方に近づこうとしたが、ズボンがずり落ちて足がもつれ、トットットと前につんのめりながら近くにあったキオスクの前で転びそうになり、何かにつかまろうとして、偶然にもその頃あったピンク電話の受話器を握ってしまいんしゃった。

左手に受話器を持ってぶっ倒れたまま反射的に耳に当て、「あ、もしもし」私をジロッと見て、手で受話器の口を塞いで
「あんだこの、ヤンマージーゼルの凄さをば知らねな！」

私はこの意味が未だに分からない。で、今度は柔和な顔になって
「母ちゃん悪いね、ワリイネ、ワリイネ！　悪かったっけね！」

酔っ払いだけど憎めなくて、私はその時いろんなことを想像しとりました。広い農場をたった一人で炎天下、また寒い冬黙々と作業をする無口なオジさん。恐妻家で、酔って帰るとカミさんに叱られるもんだから、飲んだ時はいつも電話して事前に謝る自己防衛本能を悲しいかな身に付けてしもうたんやろうとか……。

「**ワリーネ、ワリーネ、ワリーネディィートリッヒー**」

のギャグはこうして生まれた。大スター、マレーネ・ディィートリッヒさん、ごめんなさい。

ハワイアンセンター

やっと一人立ちできたものの、まだなかなか仕事がなくて四苦八苦している頃、ラジオでの司会の仕事ば貰いました。

収録は福島の常磐ハワイアンセンター。フラダンスが売り物の大浴場があり、〝大プール〟もある特設ステージ。なんせ月曜から金曜までの十五分番組を、二週間分一日で撮るというスケジュール。

「ニンニキニーン！　常磐ハワイアンセンター提供、歌謡ドッキリ大・行・進！　ややあやあ、今日も会場は一杯のお客様！　ようこそいらっしゃいました、司会の小松政夫で〜す」

客なんか前の方にお年寄りが数十人、まばらで無愛想な拍手がチラホラ返ってくる。

「どうもどうも、満場割れんばかりのパラパラパラと盛大な拍手、ありがとうございます！」


にーい！

とやり始めると「**あや！　上手だねこの人、ジョーズだねーっ！**」と福島弁が聞こえてきた。

「会場にはおじいちゃん、おばあちゃんがいっぱい！　イヤイヤこりゃ失礼、昔のお坊っちゃんお嬢さんがいっぱい！」

「ウマイ！　上手だね、ジョーズ！」

「今日は天気良いですね、ここハワイアンセンターは常夏でございましてねぇ」

「ジョーズだね、ジョーズだね、ジョーズだねぇ～」

この辺まで来ると、ジョーズがうるさくてやりにくい。ヒョイと下を見ると最前列にシュミーズ姿ならまだしも、デカパンで肩に濡れた手拭いを張りつけただけのプヨプヨの小錦バアさんと目が合った。だらりと胸丸出しで「ジョーズだね！」の大盤振る舞い！

ウルセーな、と思いながらもそこは優秀な司会のこの私、ニッコリ笑って相手になる。

「おばあちゃんようこそ、元気そうね。お年はおいくつ？　ななじゅうご！　若い！　私は六十くらいかなと思ってましたよ～」

「ジョーズだね、いやジョーズイ！」

「うちの母親と同じくらいですね、母はすっかり年取りましてね、シワ増えてチョーチンババアになっちゃった」

話の途中からこのバアさん割り込んできて、

「あんたの名前アンだっけ？」

「……（ムシ）……横にシワがあるからチョーチンババア……」

「あんた名前アンだ？」

「……（ムシ）……縦によったらカラカサババア！　なーんてネ！　なーんてネッ！」

「ジョーズだね、ひょうきんだね、大笑いだね、オメエ名前アンだっけ？」

こっちも負けずに声を張り上げると向こうも負けずに、

「ジョーズだねっ、ひょうきんだねっ、こっけいだね！」

タレントと張り合う客も珍しい。

まあおかげで「**上手だね、ひょうきんだね！**」は大ヒットしました。

これが元でテレビ「オレたちひょうきん族」が生まれましたしね。

「東方《ひがしかた》じょうずだね、福岡県出身、ハナクソ部屋。西方《にしかた》ひょうきんだね、北海道出身、ケガニ部屋」

私の一番好きなアレンジです。

小錦バアちゃん、ありがとう。

ブルーネットちゃん

私の知り合いにオカマちゃんがいます。

「あの場面の悲しいセリフ、普通なら悲しいから下向いて泣きながら言うんでしょうが、小松さん正面向いて堂々と喋っていたでしょう。あれ良かったワ。かえって悲しみが倍加して思わず涙しちゃった」

ブルーネットちゃんは役者志望だったが、根がオカマちゃんなので侍の役をもらった時、一言のセリフ「申し上げます！」が何度やっても「モウシヤゲマァ～ス！」となって、役者をあきらめた。

映画はもちろん、新劇から商業演劇までやたらと詳しい。私の出る芝居は必ず観に来てくれ、手作りの弁当を持って楽屋を訪ね、話し込んでいく。

その日の演技についての評もなかなか的確で、誉められ、誉め殺しにあって気持ちよくなり、新宿の彼一人でやっているゲイバーに行って「俺はね、テレビや映画も良いけど板の芝居が好きなのよ。舞台の役者でありたいの」なんてクダ巻いてるうちに、前後不覚になってしもうた。

喉の渇いてふと目の覚めると、いつの間にかふかふかの布団に寝とうとです。のりの程よく利いたシーツに、花柄の毛布。

「あらっここどこかいな」

部屋ば見回すと、私の背広とズボンがハンガーに掛けてあり、水差しまであるとです。あっ、ブルーネットだ。酔い潰れたのを放っておけず、部屋まで連れて来て寝かせてくれたんだ。

まだ二時だから礼を言って帰らねばと起きかけると、ふすまの隙間から隣の部屋が見えた。板の間にペタンと座って頭にシャワーキャップ、ピンクのベビードール姿のマツコデラックス似のブルーネット。なんだか憔悴しきっているように見えたとです。片手に受話器を持って、片手にワニ革のバッグから一枚の写真を取り出して、ジーっと眺めているのです。

何分そうしていたのか、もう涙でグシャグシャの顔で電話に語り始めた。

「ユキオ……私のこと嫌いになったのね……。ちゃんとお洗濯してるの？　ダメよ、汚れた下着……押入れなんかに……ね、ユキオ……」

電話はとっくに切れているらしい。やっと受話器を戻し、力なく立ち上がるとゆっくり鏡の前に座り、涙にくれた自分の顔をしばらくじっと見つめて「年、取ったわねぇ」と一人寂しくつぶやいた。

目尻のシワやアゴの下、おでこのあたりをなでさすっているのです。

と、鏡の自分の顔をまっすぐ見つめ、両の手を左右の目尻に当てたかと思うと、クイッと横に引っ張って埴輪みたいな顔をして明るく、

「なが〜い目で見てくださたい……」

普通は笑い転げる場面だろうが、私はジーンとして、切なくて涙が出た。

深夜の電車

十月から暮れにかけて、なしてという程に忙しかった。映画、舞台の稽古、テレビラジオ等で休日はなし。その間、FBS福岡放送さんからお招きいただき「ナイトシャッフル」で帰福。大勢の友人知人のサプライズ出演で涙、涙……。

さて舞台「ひょっこりひょうたん島」も幕が開き、何度か出演者たちと飲み会をやったが、とりわけ好人物の俳優・内田《うちだ》紳一郎《しんいちろう》さんの話が面白い。

酒好きの内田さん、終電間際まで飲んでいつも寝込んで、終点まで行ってしまったのが二件、その他埼玉方面に乗ったつもりが逆の横浜まで行ってしまいました等々。私も〝電車〟で思い出した。

芸能界に入る前、車のセールスマンをしている時、横浜から相模鉄道で会社に通っておりました。帰りが遅いのは常やばってん、ある夜の相鉄線、夜遅いせいか酔っ払いの酒くさい臭いが充満して、人いきれとごっちゃになって息もしたくなくなるくらいムッとする車内。

私も酔っ払いの仲間やけん偉そうなことは言えんとやけど、このバカチンたちがっ！と思うくらい混んでいる。

立ってる乗客の一列目は座っている人の頭ごしに窓際に手をつき、その後ろの二列目は一列目に身体を預けながらも何とか荷棚のポールにしがみついている。三列目でやっと吊り輪にぶら下がれるという大ラッシュ。

すぐ横のサラリーマン風の男のニンニクの臭いのミラクルショットを浴びて頭がクラクラし始めた時、突然酔っ払いのダミ声が聞こえてきた。

「ギンギンギラギラ夕日が沈む……」

どこのアホか、童謡やら場違いの歌うたいやがって、なんて思いながら倒れないように必死で頑張っていると、

「キャー」「コラ、よせ、コラッ」

とざわめきだしたかと思うと、スシ詰め状態で身動き取れない状態だったのが、嘘のように一メートル四方がサーっとあいて空間ができてしまった。

何事だと思ってそっちの方を見ると、なんと真冬なのに手拭いのハチマキ、ダボシャツに腹巻、作業ズボンに長靴を履いたオッサンが席にもたれたまま、おしっこしている。

男の人がおしっこを避けながら、へっぴり腰で週刊誌丸めてオッサンの頭を叩きながら「オイやめろ！　コラ！　とめろ」と騒いでいる。

だけどジョボジョボジョボ。電車の床は川が流れて、右に来れば右に座っている人が一斉に両足を上げ、左に来れば左の人全員が両足を上げる。やっと終了した。

オッサン酔眼もうろうとした顔で大声で

「**ゆるして！　ゆるして！　ゆるしてぇー！**」

とんでもねえ奴だけど、人の良さそうな純朴そうな、それこそ働き者の北国のお父さんと見た。農閑期で出稼ぎに来たが、家族を想い寂しくなって飯場に帰る道すがら、つい飲み過ぎたんだろうと。そして寝言みたいな小さな声でこうも言った。

「**もうイヤ……こんな生活**」

このフレーズは私の宝である。

つなぎの五分

一月に「ひょっこりひょうたん島」の公演ツアーでキャナルシティの劇場に出演した。

その日の福岡は四十五年ぶりの大雪で、私が博多にいた時には一度も経験のない凄さでした。

その大雪の最中の公演終了後、西日本トピックの平田雅人氏の肝煎りで「福岡小松政夫後援会」の発表会が挙行された。

福岡、博多を代表する名士、名店の皆様が雪の中出席され、私を応援してくださるという……私はなんと幸せ者かと……この年になって後援会。

さて、その日も大雪だった五十年前の三月、「クレージーキャッツ特別公演」である。

植木等の付き人だった私に、リーダーのハナ肇さんが、

「十五分の休憩を入れる構成になってるが、ここで休憩は入れたくねえんだ。小松、お前にーい！

がここ五分つなげ」

これは大変です！

「梅田コマ」は二千二百席！　ヨーシ、ここでチャンスの芽が出るかもしれん。ハナさんはセットも道具も何を使っても良いと言ってくれました。初日にフィナーレ用の宝塚歌劇のような大階段を出してもらいました。

本格的な照明を当ててもらい、私は陰マイクで「皆さん！　今日は素敵なゲストが来てくれました。布施明さんです！」どよめくお客さん。イントロが流れ、階段の上から颯爽と布施明が登場！

……と思いきや、ジャンパーにジーパンゴム長の小松政夫が登場して、歌い出しで「あっ俺、この歌知らねえんだ」……シーン。

ウケない。まるでウケない。
二回目。その頃流行りのキックボクシングのタイ式お祈りの音楽を用意してもらい、何の意味もなくパンツ一丁で野球のグラブを両手につけて、頭にロープを巻いてピーヒャラララリー！　踊り狂っても五分ももたない。
客席は深夜の墓地よりも静か。そんなことを三、四日やって苦しみ続けたのであります。

「ダメか、ダメならば幕降ろすことにするか」とハナさん。

「もう一日見てください！」

七転八倒。うーん……そうか……。大阪やけん、大阪弁ば使うたら……。

五日目のステージですたい。黒ブチのメガネをかけて、当時「日曜洋画劇場」の解説で人気者だった淀川長治《よどがわながはる》さんのモノマネばしたとです。

ちょっと斜に構えて

「**ハイ皆さんコンニチワ！　またまたお会いしました！**」

ドカーン！　笑い声が起きました。

「さあ今日はクレージーの音楽会、この作品は構想十年、制作費五十億円！　リハーサル一日！　怖いですねぇオソロシイですねぇ」

ウケた。

「クレージーキャッツ、若いですねぇソーヤングですねぇ、でも本当はね、平均年齢六十五歳なんですのよ！」

笑いが立て続けに起こります。裏方さんが次の回、何も言わないのに眉毛がピクピク動くメガネを作ってくれました。ハナさんが私の肩をポンと叩き、

にーい！

「やったな」

私が今でも大事にしている「淀川長治」さんのネタ誕生であります。

長身の色男

植木等師から独立してすぐの頃、私は新宿の富久町に住んでいた。新宿の雑踏の近くにもかかわらず、一歩路地に入ると嘘みたいに静かで、街灯の傘のついた電球が侘し気で懐かしい。この下宿の近く厚生年金会館の真ん前に当時屋台のラーメン屋が出ており、夜遅く帰ってきた時等、よく寄るところでした。

ある日の深夜、便所サンダルをカラコロ言わせ、表に出た途端、

「あれ、小松さんじゃないですか？　小松さんでしょう？」

振り返るとボートネックの白の半袖、真っ白な麻のズボン、素足にデッキシューズ、色浅黒い長身の色男！

路地は薄暗いのでチョット警戒していると、「小松さんてこの近所にお住まいだったんですか、いやぁ嬉しいなあ俺、大ファンなんですヨ」。

「そりゃどうも」

「俺もこの近所なんですがこれからどちらへ？」

「ちょっと腹が減ったもんでそこまで……」

「あっわかった、年金前のラーメン屋でしょう。お付き合いしますよ行きましょ、行きましょ！」

「いや私はあの……」

「一人で食べてもラーメン、二人で食べてもラーメン！　行きましょ、行きましょ」

何だ何だこの男は。妙に軽く、やたらとハシャイでいる。

「お酒でいいですか？　オヤジさんお酒二本！　おでんもらうよ！　ハイ大根とごぼう巻！」

「いや、私はラーメンを」

「イヤー信じられないっすよ、小松政夫と一緒に飲んでる！　シャボン玉ルルルルル！」

何だ、この男は。

「すいません、明日早いもんで私そろそろ失礼します。オヤジさん勘定して！」

「ダメーダメダメッ！　勘定はアタクシ！　そいでアタクシ、小松さん送っていく！」

にーい！

「いや近くだから……」

「ダメよ送らせてくださいませ！」

アレ、ちょっとさっきとは感じが違うな、酔っちゃったのかな。

「あの、家はすぐそこだからここで……」って彼の方を向いた途端、あたりを見回して人通りのないのを確かめたこのアタクシ男、目をギョロッとひん剝いて、なんとなんとガバッと抱きついて、く、唇ば奪おうとするとでございますぅ。

「キサン、何のマネか！　しまき倒っそ!!」と言いながら便所サンダルで思いっきり素足のデッキシューズば踏んづけてやったとでした。

ウッと手を放した男、ワナワナと震えながら蚊の鳴くような声で、

「ダウもすみません」足をくの字に曲げてしな作って、ホラ女学生が「信じられなーい」とか「ウッソー」とか言う時にやる両手を軽く握って口元に当ててるのをやって、

「モノスゴーイ意地悪！　ズイブン！　ズイブン！」と内股で走り去ったとです。

何がズイブン、ズイブンだ。信じられないのはこっちの方ばい、あ〜グラグラこいた！

ま、てな訳でこの貴重な体験「**モノスゴーイ意地悪**」と「**ズイブン、ズイブン**」はガッチリ使わせていただきました。バッテン……。

柚子味噌

長いテレビの人気番組「笑点」の座布団運びの役、今は山田《やまだ》隆夫《たかお》さんだが、初代は毒蝮三太《どくまむしさんだ》夫《ゆう》さん、二代目が松崎真さんだった。

さて松崎さんに飲みに誘われたときは、羞恥心は捨てなければいかんとです。

この方、どこの飲み屋に入るにも必ずピーマンとかニンジン、時にはサバの缶詰、コンビーフなんてのも買って「おーい、ウイスキーの水割！　ついでに塩！」紙袋からごそごそ野菜を取り出して、塩をかけてポリポリやりながら、カポカポ飲むとです。

「悪いけどこの缶詰開けてよ。残ったら店にあげるからよ」

「店につまみはあるでしょう？　なんで自分で買って来るんですか？」と私。

「アノネ、八百留のピーマンは色つや味ナンバーワン、人参は八百萬の姿が美しくて甘い。

サバ缶なんぞあなた、魚徳さんのがベスト！　だってそうでしょう？　そうでしょ、そりゃそうだもん」

自分が自分で納得するとです。野菜はわからんこともないとですが、魚徳の缶詰は全くわからん。ニッスイとかマルハというならまだしも。

ある時スタジオで
「小松さん、今日は早く終わりそうなので旨いものがあるから、家に来てメシ食って行ってくださいよ！」

「あ、あの私、今弁当食ったばかりで折角ですがこの次に……」

一八〇センチの先輩ギョロリと目をむき「俺とはつきあいたくないとでも！」

しぶしぶお宅にお邪魔しました。

「これ、これを食べてもらいたかったんですよ。柚子味噌！　こいつをご飯につけて食べると最高！　ま、どうぞ、どうぞ」

小さな瓶に半分しか入っておらず、自分の箸をベロッとなめて瓶の中の柚子味噌を取って、私のご飯の上へベタベタ塗りたくり、私が一口食っちゃベロベロの繰り返し。柚子のほかにおかずなし。

辟易《へきえき》しながら全部たいらげ、社交辞令で、

「いや、本当に美味しかったデス」

「そうでしょ！　そうでしょ！　そりゃそうだもん！」

もう三分の一くらいしか残ってない小瓶を近くにあった新聞紙をビリッと破って、ぐるぐるとくるんで
「惜しいけど仕方ない。小松さんがおいしいって言うから持って帰って大事に、ちょっとずつ食べてくださいよ。

だってそーでしょう。そりゃそーだもん！」

このフレーズは小松節の欠かせない財産となりました。先輩、ごちそうさまでございました。

父の笑顔

平成二十八年四月十四日、熊本市周辺で発生した阪神・淡路大震災級のマグニチュード七・三の地震を報道で知って、愕然とした。大体私が高校を出て博多を出るまで一度も、地震など経験したこともなかった。上京して初めて、カタカタと身体に感じるほどの揺れで震えていたのである。

熊本、大分では震度四や五の余震が連日あると聞く。恐怖や避難所生活の御不便を思うと、私など大したお役に立つこともできず、やきもきするばかりであります。今は亡き熊本のばってん荒川さんに可愛がっていただいた。

「カラシ蓮根は、こがんして食べんばよ」熊本のご自宅にお招きいただき、丸ごとかぶりつき、焼酎をごちそうになったことが懐かしい。

被災地の皆さま、日本中の人々が心を痛めて応援しています。ガンバレ！　肥後もっこにーい！

す！

それにしても昔から恐ろしいものを順に挙げると、地震・雷・火事・親父というが、私は「親父」が一番怖かったなぁ。伊東四朗さんとコントをやっていた頃、伊東さんに大きなしゃもじで頭を叩かれ、

「イテーな、イテーナ！」

とやるギャグがあったとですが、あれは元々親父に殴られたときの照れ隠しだったとです。

父は明治生まれの頑固者。女学校の栄養調理の教諭をしていて、戦後に博多で事業を興して成功しました。英国製のスーツを着こなし、まん丸メガネにチョビヒゲで、家ではほとんど会話のない厳格な人でした。

今は体罰が問題になっとりますが、私が幼い頃は当たり前に殴られとりましたね。

夕食のとき、嫌いなニンジンを避けているのを見咎め、言い訳をした途端、象牙《ぞうげ》の箸の太い部分が頭に飛んでくるわけです。

私も素直に謝ればいいものを、でこちんから血が滲み、ご飯に落ちた。

「わーい、明太子ご飯だ！」一瞬の間があって、再びパチンですたい。

「イテーな、イテーナ！」

と両手で頭をさすりあげる後年のギャグに繋がっとうとです。

七人兄姉ですが、五番目の私だけひょうげ者でした。皆真面目。ばってん母から「あんたが一番かわいがられとったね」と聞きました。趣味の釣りや芝居、野球と、どこへでも連れて行ってくれました。

釣りのときには、必ず私の仕掛けを先に作ってくれました。かんしゃく持ちなのに、私の糸が絡まると自分の手を休めて黙々と直してくれるのです。

博多二中の一年のときに、校内釣り大会で優勝した時、これ以上ないはしゃぎぶりで、親父の笑顔を初めて見た日でした。

「母さん、これば見てんない！　雅坊が一等賞げなバイ！　俺でちゃ、こんだけ釣りきらん！」

……可愛がってもらっているのがわかっていたから、殴られても常に素直でおられたとでしょうや。

十三歳になる直前の一月二日、父は亡くなりました。たった十三年ですが、ぎゅっと詰まった父の思い出を掘り起こしとります。

母のジャンピングトライ

福岡市瓦町八十二。終戦直後の私の住所である。あたり一面、空襲による瓦礫の山であった。川端通の一番奥にあった渕上百貨店が復興の一番手で、まだ平屋で、渕上呉服店と言っていた頃だ。

店の前はいつも活気があった。ハチマキをして、ハッピを着た店員が十人ほど並んで「ハイッらっしゃい、らっしゃい、らっしゃい！」反物を山ほど積んで、物差しで「ひとーつ、ふたあーつ、ハイ六尺！」ハサミでシャキッと切り、パアッと丸めて包んでお客に渡す。その鮮やかな手さばきと声が今でも頭の中にハッキリと残っている。

それよりも古い記憶というと、防空壕の思い出がかすかにある。後ろからきた親父に「奥に入れ」と言われるのだが、四つん這いで入れない。入口のところにウンコがあったのだ。

「はよ行かんか！」と言われてもネ、まごう事なき人間のが真ん中にドシッとある。クソー！

食料は当時すべて、配給だった。さつま芋、じゃが芋、塩クジラ、時々クーポン券でコッペパンが一家に二つ三つ。「米穀通帳」、これが何をするにも必要な身分証明みたいなものでしたね。

福岡でも都市部では売るものがない、買うものがない。近隣近在では何も手に入るものがない。そこで朝一番、農家に知り合いのある人たちはそこを目指す。あてのない人たちは博多駅から佐賀とか、大分から熊本、遠いときは長崎の島まで「買い出し」に行くとです。

お母さんたちはお金に代わる着物を持って、農家にあてもなく飛び込み、着物と米二、三合とか大根二本等と交換して食料を得るのでした。これを竹の子生活なんて言うとりましたっけ。少しずつ皮をはぐ竹の子をまねてね……。

母に手を引かれ、屋根のない満員の貨車に乗って、朝まだ暗いうちに他県の田舎に走り出すのです。どこで降りるかはその日の運でした。なるべく降りる人の少ない駅を選ぶか、リスクを覚悟で遠く人の来ないところまで行くか……。

その日は何軒も何軒も訪ねても収穫なし、弁当のサツマイモ一本キリで夕暮れになった頃、「母ちゃん、帰ろうえ」と泣き声の私に「シッ！」と母。

四方を林に囲まれた稲刈りの済んだばかりの広い田んぼの真ん中に、丸々と肥った鶏が落穂をついばみようとです。母はリュックを降ろし、ほふく前進で鶏に近づきパッと飛びつく、捕まるはずがない！

母は走って走って、転んで飛びついた。ぬかる田んぼの泥を投げた。石を投げた。棒を槍のように投げた。母ちゃんゼイゼイ走った。

とうとう鶏のほうが疲労困憊！

母ちゃんついにジャンピングトライ、リュックに押し込んだ！　夕暮れの中、泥にまみれたモンペ、泥はねで前の見えんごとなったメガネで言った。

「こ、これドロボーやないよね！　よかよね！　よいよね！　ヨイネ、クライネ、ナハトムジーク……やろ？」

母は昔、女学校の先生ではあった。

夏休みの宿題

振り返ってみると、博多を離れて五十数年の歳月が流れている。ずーっと博多に居る人には敵うわけがないが、離れている者のほうが郷愁が強うなると思うとです。

私の心を繋ぐ「月刊はかた」は日々変わりゆく博多を伝えている。そんなか、吉川幸作先生の「懐かしの博多を描く」はもうたまりません！　私の子どもの頃の情景がそのまま脳裏と涙腺を刺激する。

そのことを何かの折に編集室の上田《うえだ》瑞穂《みずほ》氏にお伝えすると、間髪を入れず吉川先生自ら、私に対する励ましの言葉と落款入りの御著書『画集はかた慕情』をお送りいただいた。

お礼を申し上げ、ワクワクしながらページをめくると、忘れかけた街並みが、人たちが……。

にーい！

そして或るところで強力に子ども時代に遡った。それは中洲の西大橋から福岡側の橋の袂にある旧日本大同生命の赤レンガを描いた作品であった。そこには作品の説明の中に水上公園の話があり、そこから少年の頃の夏が鮮烈に浮かび上がった。

昔、西大橋の上をチンチン電車が走っていた。それを計算して悪そー坊主が集まって、飛び込んで見せる。

かなりの高さやけん、勇気がいる。チンチン電車はブレーキを踏んで、お客は我々をハラハラしながら見物する。

水着は一様にヘコやった。ヘコは横で紐を結ぶ黒い木綿の、今の女性のティーバックと思えばいい。フルチンもいた。博多弁でムッチンという。やんやの歓声を聞きながら、水上公園に犬かきで這い上がり、また橋の上にスタンバイする……。

博多二中一年の夏休みの宿題に、写生があった。勉強やらなーんもせん私が、図画工作だけは自信があった。大好きな水上公園を選んで風景画と決めた。そこには綺麗な洋風の東屋があり、そのベンチを独占し、水上公園から見た対岸を描いた。昔の城山ホテルとその横のピカデリー劇場を入れたB３判の画用紙の大作でありました。

通りすがりのアベックが「この子うまいねぇ」やら、おばさんが「色使いがキレイ!」やら、四人も五人も人のたかって「天才バイ!」という人まで現れた。本人得意!

出来も満足、絵の具を片付け始めたとき、

「なんなこの絵は！　面白うもなーんもなか、遠近のなーんもなか！」

ムッとして振り向いたら、ひげボーボー、頭もボーボー、ランニング一枚のおいしゃんが、

「こらもう、タコのフンドシやな、この絵の真ん中にこの東屋ばドカッと描け！」

「バッテン、東屋は後ろにあるとで……」

「芸術に嘘もクソもあるか！　まっと大きく太う描け！」

今まで描いた絵の七割が東屋で見えなくなった。

「お前の絵はタコのふんどしやった。タコは足の八本あるけん、どの足に締めたらいいか解らんやった。これで怪傑黒頭巾！」

描き直す元気もなく、ベソかいて宿題として提出した。その絵は新聞社賞に輝いた。

後年、レコードで出した「**たこふん音頭**」はおおいに売れたとでした。

二人の親分さん

今でもどこに行っても、私のファンは「親分！　小松の親分さん」と呼ぶ。もう四十年も前にテレビでやったキャラクターであるが、嬉しい話である。無論、恐ろしいエピソードに基づくのであります。

ある夜、地方のキャバレーで四、五人のスタッフと打ち上げの二次会で飲んでいた。すると他の席からその店の女の子が来て「小松さんでしょう?」。「はい」「向こうの席でね、お友達って方がね、こっちに来て一杯飲まないかって言ってるんですけど」。「いや、私も友達と来てるしね、悪いけどうまく言っておいてください」軽く断らせてもらった。

それから五分もたたないうちに、またその女の子が真っ青な顔をして再び来た。「すいません、怒ってんですけど来てください」

にーい！

「うまいこと言って断ってくださいよ」と突然、黒のダブルを着た丸坊主のお兄さんが現れて低く

「すみません、うちの親分が……」

「はいっはいはい」

本能というか、何というか……。

恐る恐る行ってみると、麻の上下を着て、一見中年紳士風の、でも両腕をシートの背に投げかけた大仰な態度がこれぞ親分風の、ハンサムな男がいる。周りには若い衆が三人。

「おー、しばらくだったなあ」と言われて、一度伏せた眼を上げてパッと見たら、昔知ってる人にそっくり。

「なあーんだ、早く言ってくださりゃいいのに。ここはいつも来るんですか？」

「……調子良いぞテメエ」

「は？」

「お前と会うの初めてだよ」

冷や汗タラリ……。

「おい、注いでやれ」「はい」若い衆がいきなりビールグラスにジョニ黒をケポカポと口

までなみなみと注ぎやがった、いや注いでくださった。

「おめえに頼みがあるんだよう」

「はい」

「これから俺ンちまで付き合ってくれ」

「イヤあの、私友達と一緒で」

親分皆まで言わさず、若い衆に財布を預けた。

「済ませました」「よし行こう」親分が言ったその時に、一緒に来た仲間が側を通りかかり、「じゃあね。お先に、ご馳走様」。とんでもねえ薄情な奴らですよ。

腹を立てても後の祭り、ライオンの檻の中に一人取り残された心境でありました。

で、このライオン「俺の女房がお前のファンだからよ、これから行って驚かしてやるんだ。サ、行こ行こ、車拾って来い」ってとこまではおとなしかったんだけど、時々暴れるんですよやっぱ。

車を探しに行った若い衆がなかなか帰って来ない。だんだん焦れてきて、そこいらにあった灰皿をバシッと投げつけ
「欽の野郎、何やってんだ!」

こっちはもう笑うよりしょうがない。

「ほほほ、ほほほ」

さて車に乗ると親分「欽、手前何やってんだ」「スンマセン、車がなかなか捕まらなくて」。振り向いた途端、四角い金の実印みたいな指輪をしたこぶしでバチーン！

……さあ恐いですねオソロシイですね。

この話は最後に思わぬ結末を迎えるんデスヨ。続きをお読みくださいサヨナラ、サヨナラ、サヨナラ。


にーい！

親分の豪華マンション

ハイ、又、お逢いしました。サァ前回の続きなんですのヨ！

もう四十年も昔の話。或る地方公演の打ち上げのキャバレーで、中年の格好良い親分に「女房がお前のファンなので驚かせてやりたい、家まで付き合え」と親分、私の五人の仲間の勘定を済ませ、車に乗せられたのでございました。それにしてもその親分、二枚目の割に凶暴なんですよ。若い衆さん殴ったり、灰皿叩きつけたり、ハラハラします！　サァこの続きのサスペンス、ゆっくりお読みなさい。

三人の若い衆と帰り着いた豪華マンションにまだ二人の若衆が出てくる。玄関の上がりかまちで横柄に靴を脱がせた親分、

「小松の、ここでちょっと待っててくれ。春子！　春子」

ゆっくりガニ股で悠然と奥に入って行く。

暫くするとキンキンした女性の声が聞こえてきた。

「嘘ばっかり言いなさい！　毎晩毎晩飲んだくれて、小松政夫がこんなとこ来るわけないでしょっ！」

「ほんとだもん！　ちゃーんと来てるんだモン！」

まるでさっきの親分らしくない。で、奥さんの頭を胸のところに隠して、私のほうを見せないようにバックしながら「まだだよ！　まだだよ」と言いながら「ホラア」と奥さんを私の眼の前に押し出した。

「アラア！」奥さん大ウロタエ！

「ホラ座布団だよ！　テーブルの上片付けな！　良く来てくれましたぁ、散らかしてて恥ずかしい！　子どもを連れていきな！　応接間で寝かすなと言ったろう」

どうやらこの一家、カカア天下。親分、ここから普通のオジさん。

「さ、さ、コマツちゃん上がって上がって。ごめんね、忙しいのに来てもらってありがとね。お腹減ってない？　ビール早く持って来い！　お寿司とろうか、寿司、頼め寿司！特上だぞ特上！　うれしいな、カミさん大喜び！　飲める方でしょ！　春子、一緒に飲も！　うわ、春子今日はシャンペンかよ！　シャンペン回ってワン！　なんてね！」

にーい！

「あんたウルサイよ、小松さんがプロだよ。ヘタなシャレ言うんじゃないよ！」

「ハイ、ハーイ！」

五人の若い衆が正座でお酌をする。そのうち、一人の若い衆が「あの、寿司、終わっちゃったって言ってるんですが」。

「春子、小松ちゃんてホントに……なに〜〜！　電話貸せこら〜寿司〜終わっただと馬鹿野郎！　俺を誰だと思ってやがんだ！　ツベコベ言わずに特上持って来いバカタレが……ごめんね小松ちゃん、寿司すぐ来るからネ、本当今日はうれしい！」

……さあ、いかがでしたか、私の大好きなお話なんですのヨ。

この恐い親分と猫なで声の普通のオジさんとの天と地の変わりようがたまらなく面白く、あの小松の親分のギャグが出来上がったのでございます。

親分の家庭の話、若い衆のフガイナサ、奥さんに頭が上がらない話、愚痴を言いつつ酔いつぶれた親分、とてもとてもチャーミングでした。

ハイ、もう時間が来てしまいました。又お逢いしましょう。サヨナラ、サヨナラ、サヨナラ。

あっという間

あっという間にもう十一月になってしもうた。子どもの頃は「もう幾つ寝るとお正月」やら唄うてもいっちょん日にちの経たんとやったが、じいさんになってしもうたけんやろうか、日の経つのが早か早か。

今年はじめは、シアターコクーンの芝居「ひょっこりひょうたん島」二カ月間かかりっぱなし。次いでこともあろうに、新劇のコテコテ、シェークスピアの「リア王」に出演ですげな。これも二カ月間かかる稽古、本番、三越劇場公演という。

芸能界で少ない友人の一人、横内正さんのたっての願いとのことではあったが、「七月の山笠の時期にはどげん事があっても十日は博多に帰るけんお許しを」と言うたとですが、稽古休んでも良かけん出なっせと言わっしゃる。

だいたい私がリア王にですばい、道化という役にですばい、この役は世界のいろんな国にーい！

でやる時もその国の名優がやるという大役に、小難しいセリフば私が言いきるかいなという不安！

ハッハッハのぼせもんやけん、出たとですたい。ものすごく緊張して口ん中から胃の飛び出そうごとありました。

そして我が喜劇人協会主催の大阪公演「シャボン玉飛んどくれ」。大胆にもミュージカルに挑戦したとであります。他の芝居の稽古は少なくとも一カ月以上、喜劇人協会は稽古八日目には本番を迎えねばならんとでありました。

作・演出に三重県でアマチュアの俳優さんを束ねる優秀な新人、野村幸廣《のむらゆきひろ》さんをお迎えして、思い切り跳ねくり回って大汗かいたとでありました。

これがバカ受け、笑ったり泣いたり。今年の三本の芝居は長ゼリフばっかり、何とかやり遂げた。じいさんの頭もまだボケとらんやったごたあでした。

その間、芝居だけで休んどるわけではなかったとですヨ。何と三十六年振りにCDを発売することになったとです。電線音頭とかしらけ鳥音頭とかいうコミックソングではのうて、完全なこれでええんか？　というくらいの演歌！

「親父の名字で生きてます」

亡き植木等師を思う私の心情を歌うたものであります。

一曲だけでは何だから、と園まりさんと昔植木等師がデュエットした「あんたなんか」を入れようという話になった。園さんの大ヒット曲「逢いたくて逢いたくて」のB面であった。

園まりさんとは渡辺プロでの旧知の仲である。久しぶりに会ったまりさんは、私よりちょっと下なだけなのにとても若くて素敵やった。

その上「小松政夫芸能生活五十周年記念公演」をしようと今時珍しいフルバンドの「ジエントル・フォレスト・ジャズ・バンド」と東京、大阪、名古屋、福岡公演が決定した。

福岡だけお知らせすると、一月九日ももちパレス昼夜二回公演であります。ワーイ、初めて宣伝してしもうた。

どうかひとつ……**許して、許して、許して〜〜**。

にーい！

一月の思い出

一月は私の人生の中でも特にいろいろあった月だなと思うとです。

二日は父親の命日、中学一年の時だ。お年玉をあちこちから貰って、二千円くらいになった。当時の二千円である。映画が三本立て三十円、封切り館でも高くて子ども六十円とか八十円だった頃だ。じーっと貯まったお金を見て、これで何本観られるんだろうと胸がワクワクした。お年玉を全額握って、まずは二本観た。

さぁ、次は何を観ようか？　中洲の華やかな正月のポスターば眺めながらフラフラ歩きよったら……全部のうなってしもうた。落としたとやないとです。チンピラにたかられたとです。鼻血の出るほど戦うたばってん、相手は三人。

さぁ、困った。金を失くしてしまったというより、この事を知ったら父親がものすごく怒るだろうと、そっちの方がえずかった。その時父親は病気で寝ていたが、きっと箒の柄でくらされる。出がけに「金は必要な分だけ持って行けよ」と言われていたので怖ろしゅうて帰れんとです。

ぶらぶら中洲を歩いた。友達の家を訪ねたり……。もう寝たやろう、と十時近くになった。家の周りがヤケに騒がしい。姉が、誰か家に来たらしい客を送り出している。姉の目線が私をとらえた。

「あんたどこに行っとったと！　父ちゃん死んだとよ！」

……結核だった。

さて十日は私の誕生日。誕生日のごちそうは毎年カビだらけになった鏡餅のぜんざい！カビを出刃包丁で落とすのが私の役目だった。昔は暮れに家の前でセイロで蒸した餅米ば杵と臼でついて、家庭で作った。戸板に片栗粉を敷き詰めて、子ども達が小さく丸めるのである。うるさい親父が楽しそうにホイ、ホイと軽快に杵を振るうと母親が、ハイッ、ハイッと水をつけてひっくり返す。いい風物詩であった。

ところが私が東京で一番驚いたのは、餅が四角いのであった。のし餅というらしかった。

昭和五十一年一月十四日は、私と妻の結婚式だった。もちろん仲人は植木等師、師四十五歳。驚いたことに師はただの一度も仲人なるものを引き受けたことがなかったのであった。なにびとであろうと一回もである。それは厳かな式の第一声でわかった。

司会者「それではお仲人、植木等様から御夫妻の御紹介……」。すると、
師「えー私は仲人を頼まれた時全部お断りしてきました。しかし今日は、私の弟子小松政夫の結婚式。如何なることがあっても断る訳にはいきません。

決死の覚悟でここに座っております。なぜ決死かと申しますと私……ションベンが近いからであります！」

場内爆笑!!

「ここにずっと座っておりません。皆さんに酒つぐフリしてトイレに行くことをご了承ください」

爆笑！

私は師の優しさに嗚咽した。

その顔を週刊誌に撮られていた。タイトル「花婿が泣いた結婚式」と。

動物たち

息子が小学生の頃、犬を飼いたいと言った。私と家内は口を揃えて、動物を育てるのは並大抵のことではないと反対した。息子はだいぶ抵抗したが、あきらめてくれた。かくいう私は息子と同じ年の頃、犬、猫、ジュウシマツ、鶏、うさぎ、ハツカネズミ、九官鳥、メジロ……全て餌や下の始末を自分でするという条件で、親は許してくれた。

夜店で買ってもらったヒヨコはお座敷ニワトリとなり、ちゃんと指定場所で糞尿をした。朝六時にはジュウシマツや九官鳥に粟やひえの餌をやる。「サンキュー、マサボー」九官鳥のキューちゃんは良く喋った。メジロにはすり鉢で餌を作り、犬のラッキーには前夜の残り物とメシに味噌汁をぶっかけた朝食をやった。

ラッキーは穏やかで実に素直な、私に忠義な中型の雑種犬でした。だが私には闘争心が少なく見え、ラッキーに不満もあった。

今は捕獲禁止になっているが、当時の私は子どもながらメジロ捕りの名人と言われたものだ。林の中におとりの籠を仕掛け、野生のメジロがこういう風に近づくであろうと計算して鳥もちを木の枝に仕込むのである。家の軒下はこうして仕留めたメジロの籠が七つも八つもあり、「ツー！」と鳴く姿が誇らしかった。野生のメジロでも七つの籠の扉を全部開放しても、必ず戻ってくるほど馴れた。

そんな折、父の友人が唐津から三毛猫をバイクに乗せ連れて来た。そのおじさんが父と仕事をしている間、なぜたり抱いて頬ずりしたり、可愛くてたまらなくなった。おじさんが帰る時、どうしてもこの猫が欲しいと泣いて無理を言った。困っているおじさんに、犬のラッキーばやるけんと大騒ぎ！

とうとう犬のラッキーと猫のトレードが成立した。何も知らないラッキーは、悲しそうにおじさんのバイクの荷台の段ボールから顔だけ出して、クウーンクウーンと鳴いていた……。

猫しか眼中にない日がしばらくして、私が丹精込めて育てていたメジロが一羽ずつズタズタになり、籠の中から消えていった。

四羽目の時、ついに発見した。夜中にあの猫が襲っていたのである。とうとう五羽目を狙った時、取り押さえた。怒り心頭！　長姉が結婚したときで猫が欲しいと言っていたので、くれてやった。

まだ怒りが収まらない頃、近所のおばさんが

「ラッキーがバスに轢かれて死んどるよ！」

「どこで！」

「二〇メートル先のバス停のとこ」

そげなバカな、ラッキーは一カ月も前に唐津に行ったはず！　一〇〇キロメートルはあるのに、私に逢いたくて歩いてきたとやろうか……？　紛れもなく、ラッキーだった。やせ細ったラッキーを抱いて、泣きながら帰った。涸れるほど泣いた。行きたくないところへ行かせてすまんやった、こらえちゃり……と。

猫の名前は今も思い出せない。

さーん！

暖簾《のれん》分け

私が最後に植木等師と言葉を交わしたのは、平成十九年の二月二十六日であった。三月二十七日、お見舞いに行くつもりの車の中で訃報を聞いた。

平成二十九年三月が植木等没後十年であった。生誕九十年でもある。三重県生まれの師を偲《しの》んで、三重県総合博物館が企画展「植木等と昭和の時代」を催すという。私も招聘《しょうへい》を授かった。講演と私の植木にまつわる写真、その他思い出の品を展示したいとのことである。

私がオヤジさんから受けた数々の優しさや可愛がってもらった思い出の他に、大切にしているものが特に二つある。

私との楽しかったエピソードや飲みすぎるなと諭してくれている言葉が巻紙に毛筆で書かれた手紙と、自筆で書いていただいた楽屋「暖簾」である。

私にはファンからいただいた暖簾は数多くあった。今日はあの御贔屓《ごひいき》がお見えになるからこれにしようとか、あれに替えようとか。オヤジさんに「植木等の暖簾をください」等とは口が裂けても言わなかった、いや言えないと思っていた。「暖簾分け」って言うくらいでね。

「お前の力を認めた、よし、お前に暖簾をやろう……」というのでなければ……。

あれは四十年前くらいかなぁ、オヤジさんが楽屋を訪ねてくれた。

「よう、今日は良いお芝居をしてたね」

「オヤジさん、来られるならおっしゃってくだされば……」

私の言葉などまるで聞いてなく、今掛かっている暖簾をじっと見て、「うーん……この間のものと違うな」と言う。「あ、何枚かいただいています」「俺もなぁ、早く考えていたんだが、俺の筆の勢いのあるうちに君に暖簾をやらなきゃとネ」

それから五カ月も経ったろうか、オヤジさん自ら電話があり、酒を飲みに来いと言う。訳も分からずお訪ねしたら、応接間に所狭しと大御馳走！ オヤジさん、いつにない高調子で「えー、それでは小松政夫への贈呈式を行います！」。

奥様とお嬢さんが「イエーイ」。

さーん！

師から渡されたのは立派な紅白の打紐のついた木箱であった。中には美しい紫地に白の力強い毛筆で「小松政夫さんへ。植木等より」……と。

「暖簾」だった。中央に見事な朱色の我が家の家紋まで入っている。

「遅くなったがね、これ納期四カ月だったんだ」

奥様の行きつけの着物屋さんに特注だった。オヤジさん笑いながら、「これな、着物一着分だ」。

普通の「のれん」なら、旗屋さんに頼んで贈り主が誰で送り先が誰と言えば十日で届けてくれる。旗屋さんの羽二重でも十分高価なのに……。

奥様が「暖簾の字を毎日必死で練習してたのよ」と言われた。

舞台に出るたびに楽屋に下げられるこの「暖簾」を目にすると、師弟関係の大きさを思い出すんですよ。

さーん！

森進一ショーでのハプニング

おかげさまで小松政夫芸能生活五十周年記念「いつも心にシャボン玉」全国ツアーを福岡公演で打ち上げた。

その日はとても寒い日でしたが、博多の皆さまの温かい声援！　心よりお礼申し上げます。それこそ「目立たず隠れずそーっとやって五十年」。いまいっちょ頑張ってみようと思うとります。

十月二十六日発売となったＣＤ「親父の名字で生きてます」。コミックソングではない、初めてのＣＤです。そのキャッチフレーズが笑った。「小松政夫七十五歳、最初で最後のＣＤデビュー」ですげな。まだ最後て言わんといて……。どなたの親父と思っても構わんのですが、私の場合これは植木のオヤジだなぁと思うたとです。そしたらこの詞、曲の深さがジーンと来て、心が勝手に歌ってくれたように思いました。

もう一つの収録曲「あんたなんか」は五十年前、園まりさんが大ヒットさせた「逢いたくて逢いたくて」のB面デュエット曲。その相手が、なんと植木のオヤジさんときたもんだ！　その収録の時、私は付き人としてその場にいたのである。この曲を録音している時を思い出した。

同じスタジオ内であの森進一さんがまだデビュー前でレッスンを受けているところを見た。この人、風邪をひいてるんだと思った。「女のためいき」はその後大ヒットした。私も植木師を卒業して「森進一ショー」に何度も出演した。

ある日のショーの時である。森さんの人気沸騰！　開幕のベル！　緞帳上がりながら、大オーケストラのイントロが始まる。森さん、センターで深々と頭を下げている。「花が〜」客席騒然！　ワンコーラス歌い終わったところで、センターの森さんだけに真上から差すスポットライトの輪の中でじっと佇む。

音楽が低くなると、いつの間にか下手にいるタキシード姿の小松にスポット。バックの音に合わせて、荘厳に、

「森進一！　見たところとても若い。いや、本当に若いのです。まだ二十一歳ですからね。彼は今日のスターになるまで、本当に苦労をしました。それは家族を養うため、一銭でも

さーん！


多くの収入を得るため幾つも幾つも仕事を変わりました」

ファンは涙を押し殺して聞き入っている。私の見せ場でもある。

ところがある日、ここまで来た時、感涙の客席から実にタイミング良く、

「**ようやった！　ようやる、ようやる、ヨーヤルゼリー！**」

私はブーっと吹き出して、あと二分もあるセリフをアハハ、アハハと笑ってしまいました。

あれは本当に感動したオバさんの声だったなあ。森さん、すんまっせんでした。あの時の三分のセリフ、今でも全部覚えています。ヨーヤルゼリーは今でも不滅です。

谷啓さんと麻雀

過日、西武デパートで「昭和が来た!! うまし、なつかし昭和ホリデー」というイベントが催された。私たちの喜劇人協会も特設ステージで、シャボン玉ホリデーのバラエティショーで参加した。

そこへひょっこりと大好きだった谷啓さんの奥さんが、息子のヤッちゃんの押す車いすで楽屋に来らっしゃった。「新聞で見て、どうしても会いたかったの」と……。

谷さんのお宅には何度も遊びに寄らしてもらっていた。谷さんの家にはいつも人が集まっていて、芸能人ばかりでなく近所の八百屋のあんちゃんやら、たまたまクーラーを取り付けに来ただけの電器屋のオヤジとかが集まって、ワイワイ騒いでおりました。

谷さんの唯一の趣味の麻雀に関する逸話は山ほどあるとです。

表玄関に三種類の外灯がぶら下げてあり、普段は白熱灯がついているのだが、麻雀をやっている時は赤いのが点く、そうすると近所のオヤジが通りがかりにそれを見て「よーし」と乗り込んでくる。

黄色の灯りの時は今はやってないが谷さんが麻雀やりたいなと思っている時、それを見て三々五々魚屋のあんちゃんなんかが訪ねて来るとです。

危険牌を捨てる時なんか、見えないようにチリ紙に包んで卓の上に置いて家の外に出て、公衆電話から「開けてみて。……通る？」と言って電話したそうな。

麻雀の話で一番凄いのは、昭和四十四年に谷啓さん宅が火事になった時のこと。話を聞いて私は植木師と慌てて駆け付けた。すでに鎮火したあとで、焼け出されたばかりの谷さんに声をかけたら「見舞いの人たちに『大変だったねぇ』なんて心配かけちゃいけないから、何とかしなければいけません。ここはひとつ、麻雀やりましょうや」と言って、町内会から運動会に使うような大きな白いテントを借りてきて、そこの焼け跡から探し出した麻雀卓を置いたのです。

「いくら何でも、こんな時に麻雀はまずいんじゃないか？」とやはり駆け付けたハナさん。それでも「来た人に心配かけないように」と結局、見舞客と麻雀ばしございました。それを見て、谷さんらしい気遣いだと思うたとです。

さーん！

人によっては「変わり者、奇人、変人」とけなされるかもしれないが、谷さんはものすごくシャイでナイーブで本気なわけです。一見、浮世離れした谷さんの生き方そのもので、私たちはそれで嫌な思いをしたことはなくて、いつも笑ってばかりいました。

谷さんの天真爛漫な生き方は私にとって憧れそのものです。奥さんに聞いたら、「付き合った時からずっとそうだったから、これが普通と思ってました……」ですげな。

谷さんが逝かれてもう十年にもなる。谷さんの最後の仕事は私と出た二人旅の番組でした。

さーん！

一人オーケストラ

前回、谷啓さんの天真爛漫なお人柄についてお伝えしたとですが、あの世から見てくれたのだろうか。昔、谷さんにいただいたものの失くしたと思って捜していた、貴重なテープがひょっこり見つかった。ギャグと音楽の達人の第二弾ばお届けします。

人によっては「変わり者」と言われたかもしれんが、谷さんはシャイでナイーブな方でした。昔、クレージーのメンバーが昼食の出前を取るとき、谷さんは決まって丼物でした。カツ丼をどんぶりのフタで顔を隠しながら食べるのです。

私も小学校のとき、友達におかずを見られるのが嫌だったのでそんなもんやろうと思うて「どうして大人になってまで隠すんですか？」と聞くと、谷さんは

「あのね、ご飯食べているところを人に見られるのはトイレの中でしゃがんでいる時に覗かれるような気がするのね。ものをクチャクチャ人前で食べるのは恥ずかしいと思うの

ね」

私はドキッとした。今テレビでレポーターと称する女性アナや芸人さんが刺身を目より高く差し上げて口に放り込むのを見るたびに、谷さんの繊細さば思い出すとです。

繊細さゆえに人が気づかなくても変わったことがしたい、というところもありましたね。フランケンシュタインのマスクをしたまま、テレビ局から自宅まで車ば運転したとですが、別に道行く人に「ウワー！」って見せるわけでもないが、やっぱり気づいてもらいたくてゆっくり運転する。赤信号で止まるのをとても楽しみにして。結局自宅まで誰も気づいてくれなかったそうな。

二十年ほど前に、私はミュージカルで長い歌をソロで歌わなければならなかった事がありました。練習用に渡されたピアノだけのカセットテープではタイミングが取りづらくて、困っていたのです。

久しぶりに谷さんと仕事でご一緒した時「せめてオーケストラみたいになっていれば歌に入るきっかけがつかみやすいのですが……」と漏らしたら、三〜四日して谷さんから封書が届きました。

開封すると「この間は久しぶりに君と仕事をして、薄れかけていた私に君のパワーをもらった。とても嬉しかった。これは君へのお礼だよ」という手紙とともに、一本のカセットテープが入っておりました。それはなんと、多才な谷さんが一人でドラムにトランペット、サックスにギター、バイオリンにトロンボーンにピアノにベースと多重録音した、まさに「一人オーケストラ」のテープでした。

私がグチを言ったその日から、自宅の地下の、谷さんが遊びで作った小さなスタジオでおそらく二日は徹夜でこさえてくださったのでしょう。今これば書きながらジーンと涙の出ろうごとある。

テープの最後に「**役に立ちそうかい？　ガチョーン……**」と入っていた。

二つのご褒美

平成二十九年、日本映画批評家大賞をいただいた。この賞は発起人水野《みずの》晴郎《はるお》氏、淀川長治氏、小森和子《こもりかずこ》氏ら当時第一線で活躍されていた現役の映画批評家たちの提唱により誕生した、このとき二十六回を迎える映画関係者羨望の賞である。

私はその中の水野晴郎賞の「ゴールデン・グローリー賞」を、また淀川長治賞の「ダイヤモンド大賞」には樹木希林《ききりん》氏が選ばれた。

「目立たず隠れずそーっとやって五十年」。

ここ数年の私のキャッチフレーズだが、相当目立って面映ゆい。

博多で少年の時からいつかコメディアンになりたいと思っていた「初志貫徹」は果たしたと思うばってん、植木等の庇護の下、何の苦労もなく五十年。芸能界ではもっと芸域が

さーん！

ひろがらないかんと思う部分もあるとやが、私はこれでよかと思うとります。これから先も死ぬまで「電線音頭」のエキセントリックさを持ち続けたい。

コメディアンがシリアスに走るという言葉をよく聞くが、私には走らないまでも身体が動かなくなればそういう事をさせていただけたらみたいなズルイ気持ちもあるが、身体が動く限りメインはエキセントリックでありたい。時期もんの芸人でいるつもりはない。グローリー賞授賞式の私のスピーチで、

「あと五年、この世界でやれればと思っていましたが、こんな素晴らしい賞をいただきました。あと十年頑張ってみようと思います」

と言うと、仲良しの樹木希林氏最後のスピーチで、

「同級生の小松さんは欲張ってあと十年と言いましたが、私はあと一年で死にます」

と言いやがった。

それともう一つのご褒美、十年前に出版した竹書房『のぼせもんやけん』をドラマ化したいとNHKさんから依頼を受けた。私の拙《つたな》い小説がである。

十年前、この本を読んだ阿川佐和子《あがわさわこ》さんが「週刊文春」のご自分の対談コーナーに私を招き、絶賛され、映像化する時が必ず来ると言われた。それが実現したのである。チョッ

と照れますけん、淀川センセで宣伝ばさせてもらいます。

「ハイ皆さんコンニチハ、又、又お逢いしました！　さあ、いよいよ九月二日夜八時十五分から八時四十三分までの新しい土曜ドラマ『植木等とのぼせもん』八回放送、遂に遂に始まるんですのねぇ。

主人公の植木等は誰が演じるのでしょう。小松政夫は誰が演じるのでしょう。

一九六〇年代高度経済成長時代、日本をいっぱいいっぱい明るくしました。元気にしました。その裏で温かい師弟関係、植木等の本当の姿、ハラハラしますドキドキします。そしてジーンとナミダナミダ！

原案はあの小松政夫！　九月二日夜八時十五分、ＮＨＫにチャンネル合わせてくださいネ、又お逢いしましょ！　サヨナラ、サヨナラ、サヨナラ」

さーん！

健気な気遣い

誰かが言いよんしゃった。博多の男たちにとって山笠《やま》は「人生」であり、「心の支え」であり、「生きがい」そのものであると……。また山笠の風に吹かれに帰った。今回、中洲流《なかすながれ》は七年に一度の「一番山笠」である。特権である清道《せいどう》の前に止めて「祝い目出度《めでた》」を唱和した。格別の感動でありました。

そんな折、珍しい人に逢った。定宿のホテルのロビーで初老の紳士。

「暫くでございました」

ん？　普通の人じゃやないな？

「あー、あん時の……」

三十年も前になるかいな、コマーシャルの仕事で博多での仕事の帰り、中洲に四、五人で繰り出した。友人の知り合いの店でワイワイ飲んでいた。地下にあるその店にトントン

と階段を下りてきた丸坊主の男が、

「マスター、五人だけど入れるかな？」

「どうぞどうぞ、いらっしゃい」

見ると一目でいかにもとわかる人。

「まずいよマスター、飲みにくくなるやん」

「いや、大丈夫ですよ。人望のある親分だから」

「わかった、俺たちが出るけん」

と腰を浮かせかけたところへ、ド、ド、ドッてご入店しんしゃった。

私たちが帰りかけた背中に、

「おー、松﨑！　暫くだな」

私の本名ですたい。振り向くと、なんと、この人望親分、私が小学生の時彼の家に泊まりに行ったりして仲良しだった同級生なんだわ！

「おーっ、なんだ、吉村君（仮名）じゃないか！　久しぶりだな、おー、いやぁ、懐かしい、うーん、やー」

普通なら「今何してんの？」とか聞いてから話が進行するもんだが、何してるのもへっ

さーん！

たくれも、聞かなくとも見え見えでわかるし、おーとか、うーとか、訳のわからん音声しか出てこないのであります。

「三十年振りに逢ったんだから今日は大いに飲もうぜ！」って隣の席を空けてくれる。慌てて、

「今日は明日が早いので困るが、明日ならもう一泊するので明日でどうだ。お願いだから私の仕事柄、人目もあるんで若い衆は遠慮してくれないかな、それと服装は地味にね」

「よし！　わかった明日な！」

次の日、無事撮影が終わって、待ち合わせの場所に行くと、なんとまあ、真っ白のダブルの上下に黒シャツに赤ネクタイ。「地味な服選ぶのに苦労した」と。

まあそれはともかく、何軒もハシゴして結構楽しい酒を飲んだわけです。

「明日、空港に見送りに行くよ、明太子持って」

「いいよ、いいよ、君がくると目立つから」

「なら、若い衆に持って行かす」

搭乗時間が来て並んでいると、丸坊主の若い衆が汗だくになって走ってきて、山のように明太子を持ってきてくれた。

「親分、二日酔いでまだ寝とんしゃあとでしょう？　よろしくお伝えください」

「いえ、あそこに……」

柱の陰に隠れながら、親分ちょこっと顔を出して、目立たないように手を振っている。

その健気な気遣いにツーンと涙の出た。

そん時明太子を持ってきてくれた若い衆が、ロビーで会った紳士でした。親分、亡くなったそうな……。

のぼせもんやけん

私の拙い自伝的小説『のぼせもんやけん』がNHKさんの目に留まり、映像化されるとお知らせしたとですが、いやあ凄かですねぇ。豪華キャストが組まれておりました。

植木等役に山本耕史《やまもとこうじ》サン、小松政夫役に志尊淳《しそんじゅん》サン、富田《とみた》靖子《やすこ》サン、勝村政信《かつむらまさのぶ》サン、優《ゆう》香《か》サン、武田《たけだ》玲奈《れな》サン、でんでんサン、そして植木等の父親役には伊東四朗サン。

私は毎回、淀川長治先生の解説者の役。書ききれないほどの方々にお詫びして、感無量！　すでに九月二日八時十五分から四十五分まで全八回の放送が開始されています。どうかひとつ……。

私は原案ということになっとりますが、脚本家の向井《むかい》康介《こうすけ》さんにお任せしとりますけん、原作者ヅラしてフラフラ現場に現れず、その日の撮影の最後に私一人で撮ってもらっていたのです。

さーん！

私の最後の撮りの日の時、壁に貼ってあるスケジュール表を見ていると、突然背中を両手でバン！　と叩く人がいる。ギョッとして振り向くと、目と口を大きく開けて「ニンッ」といったその顔は、

「伊東ターン！」

二人で踊りましたばい。

「**キャッホランラン、キャッホランラン！**」

久しぶりにほんなごと嬉しかった。

「なぜ今日は？」

「小松っちゃんに敬意を表してでしょうに！　俺が知っている芸能人で一番古い友達じゃないかいな、小松っちゃんは」

そういえば昭和四十三年の生番組「只今昼休み」で伊東さんと初めて出逢ったように思う。

古い話ばかり始まった。私と植木のオヤジと伊東さんでゴルフに行ったときの話、車の中で「四朗ちゃん、俺今年ゲージュウ（五十）だよ、信じられねえョ」と言った植木のオヤジ。その時伊東さん三十九歳、私三十五歳。

あとはもう年寄り談義、伊東さん運転免許証を返納したとか、夜中におしっこ何回行くとか。昔、伊東さんの家に遊びに行き、亡くなられたお母さん一人の前で「人生の並木道」から「ディック・ミネ」のカラオケ大会を三十分も、「上手、上手」とパチパチ拍手をもらって歌い続けたとか……。

「伊東さん、いくつまで仕事やるの？」と聞くと「私はすぐにでも辞めたいのだけど、女房にあなた辞めたらすぐに認知症になるわよと言われた」そうである。

私も後期高齢者となりました。博多で生まれ、役者を志して十九歳で上京、植木等の付き人として芸能界に入り「シャボン玉ホリデー」でデビュー、早いもので芸能生活五十三周年を迎えました。

七十四歳にして本格ＣＤデビュー、まだまだ新しいことに挑戦していこうと思うとります。これも一重に地元福岡からの温かいご声援の賜物です。

さすがの私も「いつまでやれるのかな」なんて、最近少しだけ考えるようになりました。でもやれるだけやりたい。五年やれたらあと五年、そうやって皆さんに笑いをお届けできたら最高。

同世代の皆さん、同級生のみんな、共に頑張りましょう！

さーん！

車の運転

最近、よく我が女房殿が言わっしゃる。曰く「車を売ってしまったら？　助手席に乗るのが恐い。運転がヘタになったしセンターに寄り過ぎる！」。あげくの果て「免許証を返したら？」とまでのたまう。

そりゃあ今はマネージャーの若者が運転してくれているから私用でたまにしか運転せんので感覚が鈍っているかも知れないが、冗談なこて、私は運転のプロですばい。車のセールスマンから植木等の運転手ばしよったとぜ！

植木のオヤジさんの付き人時代のある日、その日は仕事が遅くからだったので私も相弟子の池田君もぐっすりと眠って油断したのか二人で寝坊してしもうたとです。するとこともあろうに師匠本人がアパートまでやって来て、

「いつまで寝てるんだコラー！」

さーん！

びっくりして飛び起きる私たちに「急いで服を着ろ！　もう出ないと間に合わないぞ」。その日は日劇二日目でもう楽屋入りギリギリの時間が迫っていたのです。なんとオヤジさん何年か振りに自分で車を運転して来たのです。

「私が運転します」

「うるさい！　運転なんかしないでいい後ろに乗れ！」

その日のオヤジさん完全にヘソを曲げてしまっておりました。で、私と池田君さすがに小さくなって後部座席にちょこんと座りうなだれている。

私がこう言うのもなんですが、オヤジさんは決して運転がうまい部類ではありません。自身の話では私が来る前、一人で運転していて酒屋の前を通りすぎた時、下戸のオヤジさんは酒カスの匂いでクラッと来て溝に脱輪したそうな。この日は凄かった。急発進、ノッキング、蛇行！　まあ今日の場合は日ごろ運転していないので運転の仕方を忘れてしまっているると言ったほうが……。

キーッ、急ブレーキ！　私と私の倍はあろうかという池田君の頭とゴッツンコ。もうたまりません！

淡島通りを走っている時、信号が黄色なのに左折。その途端待ち構えていたパトカーがウーとサイレンを鳴らしてやって来た。オヤジさん、あちゃーと顔をしかめて車を停めた。お巡りさんが降りて来て「今のは信号無視ね。ハイ免許証!」。そう言いながら車の中を覗き込んだ年輩のお巡りさん、

「あ、植木等さんじゃありませんか!」

オヤジさんはテレ笑い。お巡りさん、オヤジさんにサッと敬礼するとオヤジさんの物真似で、

「**こらまた失礼しました!**」

良き時代だったんですね。お巡りさんは警告で許してくれました。オヤジさん、

「いやあすいませんでした。実は日劇まで行くんですが遅れそうなんですよ。パトカーで先導してくれませんかねえ」

「いやそれは無理です。すいません」

「いやあそうでしょうな。アッハッハッハー」

……私の妻の忠告が身にしむ今日この頃です。

さーん！

マサ坊演芸会

また新しい年が始まった。そしてもう二月である。この一月十日、私は七十六歳になった。なりたくもないのになった。

私の芸の原点は、博多でのテキ屋さんの口上である。その前の一番古い記憶は、川端通りの一番はずれの国体道路沿いにあった渕上呉服店がまだ平屋で、店の前はいつも活気があり、客で溢れていた頃のこと。

ハチマキをしてハッピを着た店員が十人ほど並んで「ハイ、いらっしゃい、いらっしゃい、らっしゃい！」。反物を山ほど積んで、物差しで三尺ずつ測ると「ハイッ六尺！　ひとーつ、ふたーつ」ハサミでシャッと切り、パアッと丸めて包んでお客さんに渡す。その鮮やかな手さばきと声が、今でも頭の中にハッキリと残っている。

それから何年かして渕上呉服店も少しだけ大きくなって、箱型のダットサンを宣伝カー

に使うようになった。助手席の女の人が、拡声器のマイクを持って、

「御通行中の皆さま！　こちらは渕上呉服店でございます！」

後部座席では、別の女性が風船をふくらませて小旗のついた棒に結んで、道行く人にあげている。

私はすぐに運転手さんと親しくなって、何度もその車に乗せてもらった。風船をふくらませる手伝いをしながら、面白がってマイクまで持たされた。

「皆タマ、コチダワ渕上呉服店でゴザイマシュー！」

小学校二年の頃だった。私の原点の、今もある櫛田神社裏門の前「かろのうろん」屋さんの並びのビルである。

その空き地だらけの家の前で見た「ヘビの薬売り」「泣き売り」「毛布屋」「バナナの叩き売り」「十徳ナイフ売り」。

それらを見て覚えて、口上を面白おかしく、我が家はお菓子屋であったからピーナッツや和菓子、ショートケーキや羊羹など、チョボチョボ盗んで溜まると我がビルの四階の倉庫を片付けステージを作り、「マサ坊演芸会」を開催した。ガリ版で入場券まで作り「この券を持ってきた人はタダでお菓子付きのマサ坊の芸が見られます」。全部一人でやった。

マサ坊演芸会を今こそ博多でやりたい！　これが最近の夢だった。「これから始まるショーは、とても正気ではバカバカしくて見てられません。表に軽食とお酒を用意してございます。ご自由にお召し上がりください」と酒、ビール、ワインに焼酎、ホールのお隣のレストランからビュッフェ形式のオードブルや有料の「電線音頭弁当」「しらけ鳥弁当」まである、ただこれは開幕一時間前だけに限るという、そうそう「小松の親分弁当」、これらをお買い上げの方には「あんたはエライ！」の表彰状付きだったりして……。

その夢が実現することになった！　四月二十二日、千代町ガスホールで「マサ坊演芸会」をやると決めた。ゲストに福岡県添田町観光大使の熊谷真実《くまがいまみ》さん。北九州市観光大使の芋洗坂係長《いもあらいざかかかりちょう》さん。入山学《いりやまあきら》さん。詳しいことはまた……。

さーん！

大盛況の演芸会

「小松政夫・笑二〇一八、帰ってきたマサ坊演芸会」――開催のご案内

いつもお世話になっております。未だ寒さ厳しき折、いかがお過ごしでしょうか？　この度、来る四月二十二日（日）に、我が故郷・福岡博多で「小松政夫・笑二〇一八、帰ってきたマサ坊演芸会」と題した公演を開催することになりました。「マサ坊演芸会」、この題名は私が子どもの頃に、近所の友達を観客にして開いていた会にちなんだものです。私の家はお菓子屋を営んでいたので、親の目を盗んでお菓子をかき集め、見に来てくれた友達に振る舞いました。友達はそれを目当てに集まってくれ、私の拙いステージを見てくれました。人に芸を見てもら

さーん！

う喜びを初めて知ったのが「マサ坊演芸会」でした。大げさになりますが、私にとって芸能人生の「原点」と言える、懐かしい思い出です。今回は芸能界の友人や地元の仲間たちの力を借りて、この会を開くことができました。少々マサ坊も年は取りましたが、あの頃と気持ちは変わらず、いらしてくださった皆様に喜んでいただけるステージとなるよう頑張りますので、ぜひご来場くださいますようお願い申し上げます。ゲストとして福岡県添田町観光大使の熊谷真実さん、北九州市観光大使の芋洗坂係長さん、私が会長を務めています日本喜劇人協会理事の入山学さんのお三方が一緒に場を盛り上げてくれます。

追伸――今回は、お菓子の代わりに「お酒」などでおもてなしを致しますので、そちらをお楽しみに。大変恐縮でございますが、おもてなしは十二時の開場から始めます。ご用意に限りがありますので、なるべく早めにご来場ください。会場で皆さまとお会いできることを楽しみにしております。

二〇一八年二月吉日　小松政夫

——これは博多区千代のパピヨン24ガスホールで開催した「帰ってきたマサ坊演芸会」のご案内書である。これを見ると四月に開催するのに、二月にご案内している。なんという無謀な！　それでも博多の友人、知人に大奮闘していただいたおかげで、満席の盛況でありました。この場をお借りして関係各位の皆様に深くお礼を申し上げます。

バックアップをしてくださった「月刊はかた」のスタッフの皆さん。TVQの柴田さん。あ・うんの関口さん。博多の町をせっせと歩き回り本物のプロデューサー顔負けの行動をしてくださった柳さん。ガスホール内のレストランアンドのスタッフの皆さん。ゲストのお二人。舞台装置を一切使わず、映像だけで処理した演出の入山学君。そして何よりも会場に足を運んでくださったお客様！　あんたはエライ！

芝居の中でわざときつそうな動きをしていると客席から「ガンバレ！」と声援が飛んだ。ヤジではない、本物なんだ。私はジーンときた。

私は後期高齢者だが、も少しだけふざけさせてください。

板付《いたづけ》への行進

博多での常宿からタクシーに乗った。「板付へ頼んます」「はい」。走り出して一寸して初老の運転手さん、「板付やら言う人はおらんごとなりましたねぇ、今は福岡空港て言いますもんねぇ」。

昔、石村萬盛堂《まんせいどう》さんで板付まで鶴乃子を配達していた頃を思い出した。売店は福岡土産のみの一軒だけで、ターミナルとは程遠い田舎の汽車の駅のごとある小さな建物であった。米軍と共用で建物のすぐ左右に延々と繋がっている金網のフェンス……。

「お前達ちゃあ知っとうや、あいつんがたのオヤジが飛行機の運転手げな！」

小学校の三年頃だった。

「ほんなごとや！」

五、六人の悪坊主がその運転手の御子息の前に群がった。「凄かねぇ！」「B29や！」

さーん！

「ゼロ戦や！」「違う、ジェット機たい！」

夏休みに入る少し前、放課後の教室は大騒動、丸坊主にＤＤＴで真白の頭をかきかきハナ垂れの、今まで目立たない子なのに今日は英雄である。

「ウソやろー！」

「ほんなごったい！　板付へ来たらいつでも乗せちゃるて父ちゃん言いよったもん、今日でもみんなで行くね？」

「ワー、俺行く！」

「俺も！」「俺も！」

私も半信半疑ながら従うことにした。

草ヶ江小学校まで電車通学していたし、どうせ帰り道だからと、「ようーし、歩いて行くばい！」「オーッ！」。

六本松から市電城南線に沿って歩き始めた。

皆一様にランニングシャツに半ズボン。すり減った下駄、ワラ草履、裸足の子までいた。

そういえば運動会のときは全員が裸足だったっけ。学校に着く前に皆、目の色かえて馬の糞を探した。裸足で踏むと足が速くなると信じていたのだ。牛は駄目でのろくなる。第一、

さーん！


ニュルニュルして気色が悪い。

とにかく最初のうちはスキップ状態、薬院、渡辺通ややスキップ、板付は遠い、博多駅付近もうダメ状態、もうどこを歩いているのかわからん状態。

シクシク泣き出す子が出て来た。汗とホコリと涙で「帰ろうえ！」「帰ろうえ！」と集団子どもホームレス状態。日は暮れかかり、腹は減るし水も飲みたい。小さな店先で焼いている回転焼きを二十四の瞳ならぬ小汚い十二の瞳がガラスに顔つけてツバを飲みこんでいる。ギョッとした店の大将、

「あんた達ちゃあ、どげんしたとな！」

DDTのバカチンがしゃくり上げながら板付の話ばした。回転焼きの大将、皆を店に入れ電話した。水はくれたが回転焼きはくれなかった。

しばらくして、店先にジープが来た。背の低い進駐軍の格好をした、和食の職人みたいな帽子をかぶった男が来た。「父ちゃん！」皆泣いた。回転焼きを食べながら泣いた。

後で聞いたら、DDTの父親は米軍に雇われた守衛さんだった。

麻雀

平成三十年の仕事始めは、映画「麻雀放浪記２０２０」でありました。これは一九八四年、真田広之《さなだひろゆき》さん主演、阿佐田哲也《あさだてつや》氏原作の「麻雀放浪記」のリメイクである。当時の監督はイラストレーターの和田誠《わだまこと》氏で、白黒の画面で大ヒットした作品でありました。

私は「出目徳」という、高品格《たかしなかく》さんが演じ助演男優賞を総なめにした役。今回の主役は斎藤工《さいとうたくみ》サン、脇に竹中直人《たけなかなおと》サン、ベッキーサン、的場浩司《まとばこうじ》サン、小松政夫。

そして斎藤サン、ベッキーサン、的場サン、私の四人で雀卓を囲んで二十シーンに及ぶ強行撮影でありました。

なにしろ、海千山千のプロの雀士たちが慣れた手つきで盲牌したり、イカサマの演技をしたり、積んだり混ぜたり……。朝八時半開始で終わりが夜中の一時二時、の四日間。

私、実は麻雀をしたことがない。それが、賭け麻雀のプロを演じる。できるかな、と思

さーん！

った。

元来私はギャンブルが好かんとです。この世界に入ってみると、麻雀、競馬、ポーカー……とにかく博打好きが多い。麻雀は本当ならセールスマン時代に覚えていたのだろうが、酒飲み派と麻雀派に完全に分かれていた。「麻雀みたいな不健康なこと、誰がするか」なんて思っていた。

植木のオヤジさんに付いて最初に行った仕事はクレージーの「ホラ吹き太閤記」だった。一週間の予定で御殿場ロケである。

夜、宿に着くと「明日朝九時開始です」の予定が、朝から大雨大嵐になった。結局毎日ずーっと雨で、何も撮れない。一週間の予定が「本日中止」が続き、他の人はパチンコに行くとか、昼間から飲むとか、麻雀するとか、結構やることがある。うちのオヤジさんは無趣味ですることがない。「ピンポンやろうか」……一日中やる。それに飽きると「将棋やろう」……私は将棋すら知らない。「えーと、金てのはこっちへ行けましたっけ？」将棋にならない。「じゃあ、五目並べならどうだ？」「なんとかいけるかもしれません」で、向こうが五手くらいで私は負けてしまう。五目並べだってやったこともない。「えーっと」と言ってる間に終わり。トランプになった。ババ抜き、神経衰弱、七並べ……てんでダメ。「将棋で山崩しやろう」……。

勝負っぽくなったのは、せいぜいこれくらい。どうも賭け事に燃えないタチなのだ。

さて麻雀放浪記だが、そんなわけで最初できるかなと思っていたが、皆さんのおかげで。

斎藤サンは見た目よりひょうきんで、私に一生懸命麻雀の指導をしてくれた。ベッキーサンの礼儀正しさ、何気なくお茶を淹れてくれる優しさ。的場サンのヤンキーっぽさも心から、先輩先輩と私が席を立つと自分も立つという律義さ。

食事もいつも四人で食べ、ひたすら麻雀をした。若い人たちの心遣いで、牌さえ握ったことのない私が、久しぶりに楽しい撮影現場だった。

清流公園

博多での常宿は、キャナルシティのグランドハイアットさんと決めている。今も残っている実家の近くということもあるが、私の部屋から見る景色がたまらなく「ふる里」を感じる。

上から見える那珂川《なかがわ》と、その手前の博多川が合流する三角州が清流公園である。博多川は私の子どもの頃はドブ川でありました。今は博多座の歌舞伎公演時には「船乗り込み」をやるほどきれいになった。私は一時間も二時間も、ただただその川を見る。昔のドブにはキラキラと魚影が見える。少し目を上げると、対岸は昔とは見違えるように整備されたおしゃれな春吉《はるよし》である。川を見ている時、フト思い出した。

博多二中一年の頃である。同じクラスに村中次男君がいた。伸びかけの坊主頭で色の黒い、無口な少年であった。着ているものは、冬は誰かのおさがりのような袖が短く、上の

さーん！

ボタンが二つちぎれた学生服と半ズボンにワラ草履、学校には決まって週二日しか来ない。弁当時間になると風のように居なくなった。

或る時、教室で女子生徒がキャアキャア騒ぎ出した。机の上を三〇センチもある大ムカデがザワザワと歩いていたのである。先生も男子生徒も手が出せないほど大きい。するとと村中君、ものも言わずに素手でヒョイとつかみ、両手でオニギリを握るように揉み下した。

教室全体が「オー！」と感嘆の声を上げる。と、キョトンとして顔を少し赤らめたのを私は見た。彼はその日姿を消した。私はとても彼が気になった。なして学校に来んとやろうか？

或る日、家の近所の清流公園に遊びに行った。彼がいた。まだ二月というのに、ランニング一枚にパンツ一丁で遠浅の那珂川で、モリで魚を追っかけていた。一突きすると見事なセイゴやボラを次々と仕留めていた。それればかりか、石を積み上げた仕掛けの竹んポンポンで大きなうなぎまで捕まえるのを見た。網の中は獲物でいっぱいだった。

「村中君！」

彼は初めて私に気づいた。

さーん！

「寒《さぶ》なかと？」

「いっちょん」

クラスの仲良しば四人連れて清流公園に行った。私は村中君の男っぽさに興味津々であった。「今度くさ、五人で香椎公園に行かん？　俺んがたの母ちゃんが弁当作っちやるていいよったけん」初め「行かん」と言ってた村中君、弁当で反応した。

みんな大騒ぎで遊んだ。ちょうどいい生木があり、皆でへし折り、大チャンバラ大会をやった。その木は生のハゼの木であった。私は全身かぶれまくって、四十度の熱が出た。他の者も学校を一週間も休んだ。幸い私は春吉の川沿いに親戚の医者がいたので、注射を打ってもらいに行った。村中君の漁場のすぐそばである。さすがの村中君も寝込んどるやろうとそっと見ると、なんの変わりもなく、パンツ一丁で魚を突いていた。

……あとで聞いた話だが、家計を助けるために魚を突いていたらしい。

髪のこだわり

えー。私。「月刊はかた」さんの巻頭ば任せていただいて十年にもなるのであります。私も年やけん、若い方に交代を、とお願いしたこともありますが、その都度、

「何をユージロー島倉《しまくら》千代子《ちよこ》！」

と編集長から「あなたのファンがこんなにいるんですよ」と、私宛ての封書やハガキが手元に届く。それを見て「グッスン！」と鼻ミズをすするのであります。「もう少し『グッスン』させてもらおうかな！」と思うてしまう今日この頃であります。

それにしても芸能界五十五年、あっという間でありました。もう七十六歳ばってん、まだまだ元気と自分では思うとります。しかし、この間は驚いた。後期高齢者自動車運転免許証更新手続きは参った。

若い試験官と二人きりの部屋で、相手は私の顔も見ず「今日は何月何日ですか?」。い

さーん！

きなり来た。

「ウン？　えっ？」私はキョロキョロと室内を見て「私に言ってるんですか？」。内心ムッとして「四月一日じゃないですか」。

と、また目も合わせずに「今朝何を食べてきましたか？」どうやら認知症のテストをしているらしい。私は大声で「キャベツの茹でたやつと、ハムエッグトースト！」。

相手はビクッと顔を上げた。屈辱的だった。

ま、こんな話から始まって私、悩んだんですけどね。実は私のヘアスタイルは四十代の前半から染めてましてね。前髪の一部だけ白く残していたんですよ。

ところが作家の倉本聰《くらもとそう》先生から「やすらぎの郷」ってドラマのオファーを久しぶりにいただいたのだが、脚本を読めば、かつて私が演じた倉本作品「前略おふくろ様」の向こう板の政吉の老境を思わせる役柄でありました。それについては頭を白くしてほしいとのご注文！　さあどうするでありますよ。「小松政夫」のイメージチェンジでありますからね。

コメディアンの先輩方は年を取るとシリアスになりがちでしたが、私はあれが嫌でね。一貫して〝アチャラカ〟でおふざけを忘れたくないんですよ。だってコメディアンは格好いいじゃないですか。うん？　白髪のコメディアン！　そうか、それも格好いいな、よし決まった！

白髪になると急にドラマの仕事が増えた。小林稔侍さんの二時間ドラマの悪徳代議士の役から始まり、映画もテレビも老人ばかり。笑ってしまうのはその八割はボケ老人の役である。

「特捜9」のゲストに呼ばれて行った。

「小松さん私を覚えていますか？」と挨拶にこらっしゃった人がおった。

「昔、私が十七歳の時、お仕事教えていただきました」

私は思わず叫んだ。

「アッ！　V6のイノッチ！」

当時、井ノ原快彦《いのはらよしひこ》サンがかぶっていたキャップを私が素敵だねと言ったら、「ありがとうございます」と言い、次の日「これサイズ合いますか？」と、なんとキャップを持ってきたとです。私はあわてて「いくらやったと？」と言ったことを思い出したのです。

年を取るのも悪くないなとちょっと思っている。

さーん！

「ｗｉｔｈ小松政夫」

いやあ、久しぶりに感動しました。感激しました！　平成三十年六月八日、ホテルニューオータニ博多の「中国料理　大観苑」さんは大盛況！　「月刊はかた＆九州王国交流会ｗｉｔｈ小松政夫」。度々交流会のご案内をいただいておりましたが、今回はなんせ「ｗｉｔｈ」であります。万難を排して出席させていただきました。

正午から開始の博多手一本までの二時間。博多時間もなく、実に楽しく、デラックスした……いやリラックスしたパーティーでありました。福博を代表する名店百選会の皆さまよりも先に私にご挨拶せいということで、僭越ながらマイクの前に立ち、各テーブルを拝見すると、あの方この方、著名な博多の名士の顔がズラリ！　にこやかなお顔で迎えてくださった。

それと、ほらよくありまっしょ。会場に入る時、「誰々様、二番のテーブルへ」と書いた札。それがなんと、私の今までのヒットギャグのテーブルになっとうとです。何からお話しようかと考えていた私には、絶好のチャダンス……いや絶好のチャンス。

私は途端に調子に乗って、各テーブルに実演付きで踊って回った。

「〽しらけ鳥飛んでいく南の空へ、ミジメ、ミジメ……」しらけ鳥の席。

「悪いネ、ワリーネ、ワリーネディートリッヒ」の席。

「なが〜い目で見てください！」、「どーかひとつ！」の席等々。

私を最初から弾けさせようとの、これは完全にスタッフのアイデア勝ちでありました。

各テーブルを回りながら「あ、この方があの先生で、この方があのコーナーの作家さんだ」。博多にわかの松崎紋太氏《まつざきもんた》。私も本名松崎でございます。

それにしても皆さんのスピーチの上手さには舌を巻いた。さすがにその道のベランダ……いやベテランばかり。「新作映画紹介」の湯越さん、私の若いときの出演作の解説、恐れ入りました。トコさんに於いては「私は月刊はかたさんにトコトコと二十年連載しています。小松さんもズーズーしく死ぬまでガンバッてネ！」ですと。歯に衣着せぬスピーチで大笑いでありました。

会場でいただいた名刺が七十三枚でありました。ちなみに私の名刺は、(有) ドン・タック、博多どんたくにちなんどります。上部に山藤章二《やまふじしょうじ》画伯が似顔絵を描いてくださいました。

それにしてもその日ワインを二杯飲んだだけで、な~んもごちそうば食うとりまっせん。終わったらその足で熊谷真実ちゃんの出身地・添田町役場に災害見舞いに寄り、原鶴温泉を見舞い、天皇様も泊まられたという宿「泰泉閣」に投宿、鵜飼を見て芸の肥やしにしようと思ったが天候不良で中止、とっとと酒飲んで寝たとです。

「旅は道連れ夜はお酒」だい。それにしても中国料理、食べたかったナァ。


さーん！

山笠慕情

一体なんですかいね、この感情は……。年ば重ねるごとに山笠《やま》への想いの大きさは益々深うなるごたァとです。

仲間にな～んの役にも立たんとに、また博多の風に吹かれに、山笠の風に吹かれに、中洲四丁目の風に吹かれに帰ってきた。私にとって子どもの時の山笠は、岡流《ながれ》で、ラムネが飲めてお菓子が貰えて、かしわ飯ば腹一杯食べさせて貰うて、招き板で先頭ば走り、当時は子どもでも後押しまででした。

うちは女系家族で父は病弱、山笠のぼせは私だけ。母がいつも言いよりました。

「こらっ！　マサ坊！　早う学校に行って来んか！　お前のことを近所の人がなんて言ようとか知っとうとか！

お菓子屋さんがたのマサ坊は、祭りのぼせのドンタクのぼせの山笠のぼせのバカ息子、

さーん！

バカ息子て言われようとぞ！

山笠の時はなんか、締め込みば出しちゃれ出しちゃれいうて、うちに締め込みはなかて言うたらどげんしよったか？　干しとった父ちゃんの越中フンドシば穿いて行きよったろうが、こまかとが横からチョロチョロ……。あー、母ちゃん恥ずかしかァ。ドンタクん時などうか？　シャモジば出しちゃれ、シャモジば出しちゃれてうちん中のシャモジばみーんな持って行きよったろうが、その間母ちゃんどげんしてメシばよそぎよったか知っとうとか！　ピンポンのラケットでメシばよそぎよったとぞ！」……。

博多二中の同級生の前谷勝二君、寿通りで布団屋をやっていたのがのっぴきならない事情で東中島橋を渡った八〇メートルしか離れてないところで居酒屋を始めた。彼はそれを嘆き悲しんで「もう俺は博多の人間じゃなくなった」と落ち込んだ。彼はそれを癒すため、大好きな山笠の唄を自己流に作詞作曲し、客と唄っていた。

彼の死ぬ間際、わざわざ東京の私の仕事場まで訪ねてきて、プロに曲を付けて貰ってこの私に唄ってくれとテープを預かった。

曲は博多出身の元ザ・ハプニングス・フォーのクニ河内《かわち》さんに頼んだ。クニさんは今、北海道の帯広在住だが二度も三度も足を運び完成した。が、まだ世に出ていない。

「山笠慕情」　詞・胡瓜昇

一、祭り支えるごりょんさん　そっと寄り添い送り出す
背中《せな》の法被に手を合わす　博多女のやさしさで

二、法被姿に命をかける　筑前博多の夏祭り
老いも若きも子どももいさむ　博多山笠　いさみ声

三、ドンと打ち出す大太鼓　櫛田の宮に舞う雀
赤いてっぽうふりかざし　どとうのようになだれこむ

四、祝いめでたの若松様よ　歌いおさめてにないあげ
目指す夜明は廻りどめ　博多山笠櫛田入り

五、勝った負けたと言うてはならん　きれいにおさめた祇園山
　飾り山笠見事にといて　櫛田お社鎮め能

「もーろーろー！」

どんな悩みも、どんな悲しみも、どんなことがあっても、山笠が癒してくれる。

さーん！

蚊帳《かや》の役割

いやァ、最近の夏は暑いですなァ。何しろ日本全国四十度は当たり前という、沖縄より暑いところはないと思っていた日本の常識は見事に崩れ去りましたね。それにクーラーをつけて寝ろと推奨されるとは。

私たちの子どもの時は、絵日記という宿題があって、上の段に例えばセミ採りの絵、その半分の下の段に何匹採ったとか感想文を書き、当日の天気、気温を毎日書かされたが、私が覚えている最高気温は三十二度くらいだったと思う。絵日記を十日もさぼると十一歳上の姉が左手で絵や字を書いて、適当な文章を作り上げて、温度や天候は全くおおまん。三十二度が上限。

そういう夏で思い出すのは、母のカミナリ嫌いだったこと。夏、雨が降り出すと必ず、そわそわと蚊帳を張る。

さーん！

若い人は見たことがあるだろうか。蚊を防ぐために寝室に下げる、網状の覆いのことである。で、母は雷が大嫌い、迷信であろうのに、蚊帳に入っていると雷は落ちないと信じていた。ピカッ！　ゴロゴロとくると、ピカッとゴロゴロの間が近ければ近いほど、落ちる公算が大きいというのである。

雨台風の時、家内と二人きりで東京世田谷の田舎の我が家で昼食を食べているとき、ピカッゴロが来た。最初は遠くでピカッ……ゴロゴロだったのが、ピカッゴロゴロに変わった。

二人ともやせ我慢で、初めはカミナリくらいで話題にもならない。そのうち真上でピカッピシッ！　ゴロゴロと来た。二人で茶碗を持ったまま立ち上がり右往左往。この年になってから母の恐怖がよくわかった。蚊帳は雷除けのまじないだったのだ。

それよりも七人も子どもを産んだ母が突っ伏して、関取とあだ名されたその体を丸めて震えていたのは時代を超えても懐かしい。その母の守護神を冒瀆してしまったのである。

中学一年の夏休み。一年生全員で糸島市の芥屋大門にキャンプに行った。キャンプと言ったって、学校にテントがあるでなし、海岸っぷちにゴザや布を敷いて火を炊く。我が蚊帳には引率の先生と仲良しを三人招待した。

一夜を快適に過ごしたその翌日、朝食の支度をしていると海べりのすぐそばにあった我が豪邸のすぐ下の深さ二〇センチ広さ一〇メートルほどのちょうど入口がしぼんでいる入江に、アジやイサキ、セイゴやハギ等の大群がピチピチと泳ぎまくっている。釣り好きの血が騒ぐ……どうしたらいいのか。

我々のキャンプは興奮のるつぼと化し、皆は海に飛び込み、手摑みで取ろうと騒いでいた。その時、私は少しも騒がず、テント代わりに使っていた新品の蚊帳を網にして、一人、一網打尽である。誰にも手伝わせなかった。人のフンドシで相撲をとらせてたまるかと……。

獲った獲った、アジを主体に三〇キロを上げただろうか。

母は嘆いた。カミナリが……カミナリが……と。釣り好きの父は「マサ坊は天才バイ」といつまでも笑っていた。

さーん！

水たきのトラウマ

私は博多生まれの博多育ちなのに〝水たき〟をこの年まで一度しか食べたことがない。博多水たきは、ラーメン、めんたいに並ぶ博多名物の代表であろう。ずーと食べなかったのは恐ろしい事実があったけんである。以前お座敷ニワトリになったヒヨコの事ば書いたとですが、それがずーっと後ば引いとったとです。

箱崎の放生会《ほうじょうえ》で小学生の三年くらいかな。カーバイトの灯の下に百羽も入るような大きな木の枠の中にピヨピヨと鳴くヒヨコがたまらなく可愛くて、「買うて、買うて」と道端に寝転んでダダをこねた。

父は「ここにおるとはオスばかりで役に立たん。捨てるにはもったいないけん、夜店で売りようと。それに三日ももたん」。それでも母は一羽五円というヒヨコば「五羽買うけん、二十円にしんしゃい」と買ってくれた。

寒さが大敵というヒヨコに段ボール箱に綿ひいて、四〇ワットの電球ぶら下げて、夜遅くまで眺めていた。朝早く母に起こされた。「ヒヨコさんたちは全員お亡くなりになりましたバイ」。箱の前まで飛んでいくと、五羽とも目を閉じてグッタリと横たわっていた。私は思わず大声で泣いた。

するると、なんとその中の一羽がスクッと立ち上がって、元気にピヨピヨと鳴き始めた。私はその一羽をつきっきりで世話した。つまり、お座敷ヒヨコですたい。エサも口移し、排泄する砂場を作ってやるとちゃんとそこでした。

若鶏となった頃は、犬のやる「お手！」までやり、「かた！」と言うと肩にピョンと飛び乗った。まるで「宝島」のシルバー船長の気分だった。驚いたことにその鶏は、決まった所に毎日卵を産んだ。メスやったとです。

或る日学校が終わり、いつものようにシルバーと遊ぶために走って帰ったとでした。すると長崎の親戚のオジさんとオバさんが、昼間から鍋をつついているのです。

「ま、まさか！」「なーんも用意のなかったけん、水たきば作った。お前も食わんや？」

それはまぎれもないシルバーでした。

私はワンワン泣きながら食べたとでした。旨うなかった。涙の混じっとうけんですかいな。やたらショッパく、身も硬かった。それ以来、一切水たきは食うとりまっせん。

しかし、急用で佐賀の私の恩人で、何かと後援してくださる大場善右ェ門氏にお会いすることになった。唐津までの急場を、博多の親友、私は博多のマネージャーと呼ぶ柳智氏の一切の手配で乗り越えた。

「博多の宿ば押さえましたけん、夜は私の推奨する水たき屋さんに行きましょう」

ありゃぁ、唐揚げやらフライドチキンならたまに食うバッテン、水たきは弱ったナァ。

が、柳さんは委細構わずタクシーを平尾に飛ばした。そこは創業明治三十八年、いかにも老舗らしい古風で貫録のある「博多水たき元祖　水月本店」さんであった。

「**うひゃぁ～、これが博多水たきでしたか～！**」

うまいのなんのって！　こら、次に続くですな！


さーん！

最初の酒

子どもの頃初めて食べた時トラウマとなり、六十数年食べることがなかった水たきを、とうとう食することになった。白い揃いの割烹着の仲居さんたちが笑顔で迎えてくんしゃった。そこが「博多水たき発祥の店水月」さんであった。

手際よく小鉢に次から次から「もうよかよ、食べて食べて」と促され、とうとう「えい！」と鶏にかぶりついた。いや、その柔らかいこと、旨いこと！ これが博多水たきでしたか。スープまた良し、雑炊までいってしまった。これでトラウマは解消！ 酒を飲む暇もないほどだった。

次の日帰郷するつもりだったが、台風で飛行機が飛ばずもう一泊することになった。博多のマネージャーこと柳氏が「夜は何にしますか？」と気遣ってくんしゃった。「そうですね、酒の肴として旨いものを食べたかですね」「そんなら任せてください」。自信ありげ

さーん！


に天神に向かった。「蒲鉾は好きですか？」「もう大好きです」。

店に行く道々、元々は蒲鉾屋さんだったのだが飲食店と併設して営業していることを聞いた。明治四十三年創業というと今は百年余りということかな、凄いな、と感心している間に天神福ビルに着いた。

「うん？　峰松本家さん？」そこは私好みの広々とした清潔な、うってつけのお店であった。

「柳さん、ここは六月に（「月刊はかた」のパーティーで）同席させていただいた峯松孝光ご夫妻のお店？」

柳さんはニヤリとして「そうですたい。こちらの料理蒲鉾は絶品ですばい」。

峯松氏は実に穏やかで、料理を取り分けてくださったり気配りをされる紳士でありました。その社長はこの日は本店におられたそうで、こちらの店長さんだろうか、品の良い言葉遣いで恐縮した。料理蒲鉾は上品で美しく、食べやすい大きさで酒が進むこと進むこと……。また一軒、博多で行く店ができた。

私の書く話の中には酒の話が実に多い。いつ頃からこんなに飲んべえになったとやろか。

あれは小学生の頃、櫛田神社の子供会の会長をやってたが、もう時効やけん話しますが、正月に破魔矢やおみくじ売りを手伝った後、社務所の打ち上げで世話係の大人が大杯になみなみと酒を注ぎました。「お前は飲める男だ、飲め飲め」向こうは子どものことだから、チビッと口を付けるくらいに思っていたらしい。こっちはノセられて一気にバァーっと飲んじゃった。グデングデンになって家に帰った。

「どうしたんだ！」親父が怒鳴った。「酒ば飲んだ」その一言を言って、そのままズデンと倒れた。「子どものくせに、酒やら飲んで！」。親父は私を殴ったり蹴ったりしているようだが、こっちは痛くもカユくもない。天井がグルグル回って親父の顔が近くなったり遠くなったりしているのだ。なにしろ飲まない親父だっただけに、よほど腹が立ったのかもしれない。

振り返ればそれが私の飲んべえ人生の始まりやろうか。

人生ナンセンス

新しい年おめでとうございます！　しかし平成も五月一日から令和へと元号の変わるとですたいね。この一月十日で私は七十七歳。喜寿ですたい。喜の字の祝い、つまり喜の字の草書体「㐂」から来とるとですね。

昔、伊東四朗さんと私で二人芝居をやった「エニシングゴーズ」、その時伊東さん五十六歳、私五十二歳。その劇中で歌った主題曲を思い出した。

「〽人生あっという間、何もかもが流れてく。うっかりすると飲んで喰って借金返して終わっちゃう。やりたいこともあるけれど、我らは信じてる。笑わば笑えの神様。人生ナンセンス何もかもがネタになる。エニシングゴーズ！」

なんか今の私の心境。私のこれまでの軌跡、思い起こせばこの一月という月が、一番感慨深い出来事があったように思う。

一月二日、私が中学一年の時父が亡くなったことは前にも書いた。明治生まれのガンコ親父で子どもの躾《しつけ》には厳しくて、普段は無口で口を開くのは怒る時だけ。夕飯で嫌いなニンジンをそっとよけたり、ふざけたりすると容赦なく父の象牙の箸が飛んでくる。しかも太い方で頭をバシーッと叩くとです。ご飯の上に血が一滴二滴、「わーい、辛子明太子でメシが旨うなった！」と私、バシーッ！　十三歳の正月二日、私が出かけている間に父は結核で亡くなった。

これは植木のオヤジさんとのこと。毎年、植木はミュージシャンになる前に修行をしていた東京本郷のお寺さんに年始を十五年も欠かしたことがなかったのに、私の茶目っ気で「オヤジさん正月ですからほんの一口酒を飲んでください」「いや俺は一口も飲めないんだ」というのを、お猪口の底の高台に酒を一滴垂らしただけなのに、それをなめたオヤジさんはグデングデンで起き上がれなくなり、「ね、ねんし、年始……」とひきつり、一日寝込んでしまった。欠かしたことのない大切な年始を、私のバカで台無しにしてしまった。私の生涯で一番申し訳ない、忘れられない日になった。

一月十日は私の誕生日、私のためのごちそうは決まって鏡餅のカビを出刃包丁で削らされ、六歳から十二歳まで「ぜんざい」。実家近くにあった川端ぜんざいの店の前でいつも中を覗いてもの欲しげにしてたことに由来するらしい。

昭和五十一年一月十四日、私と家内の結婚記念日。植木のオヤジさんが一生のうちただ一組、私たちの仲人をしてくださった（前出「一月の思い出」）。なぜ私たちだけかと聞くと、トイレが近いからと……。嘘だと思う……。それにしても五百人もの人に、時のスターがズラリ。特に吉永小百合さんのスピーチが忘れられない。

本年の抱負。「生きて喜劇の鬼となる！」


さーん！

博多仲間

えー、私は今ワクワクしとります。三月三十日から四月の二十一日まで博多座さんの舞台に出演するからであります。何度も博多座さんにはお世話になっとりますが、今回は格別に嬉しいのであります。というのも、今、人気絶頂の博多華丸サン主役の「めんたいぴりり～博多座版～未来永劫編」、めんたいのふくやさんの苦闘物語である。

いわゆる博多の博多人による博多のための物語である。今からパドックの馬のように奮い立っておるのです。

さて華丸サンの相方、大吉サンとは、まだ彼らが試行錯誤の時代、福岡のＴＮＣテレビ西日本さんで「小松の親分が行く！」という番組で共演したことがあったとです。私の記憶では、鶴屋華丸・亀屋大吉という芸名であった頃だと思う。

さーん！


昔「笑って！　笑って!!　60分」という番組の中で、小松の親分と伊東四朗の子分で、子どもたちを毎回説教するコーナーがあった。

例えば「若い衆《し》さんよぅ、こんな夕暮れまで遊んでちゃあいけませんぜ。親御さんが心配していなさる、早いとこ帰《けえ》って孝行してやんなせい。クラーク博士も、のたもうた。ボーイズビー、アンダーシャツ」。

子どもたち「何言ってんだ、このクソ親父！　バーカ」。

親分「クッ、クソ親父？　……ウワーもう立ち直れねえ～」としゃがみ込む。

伊東の子分、子どもたちをメガホンで叩きながら「ホーラ、親分が落ち込みなすった。謝れ！　謝らんか！」。

その伊東さんの役を大吉サンがやり、福岡行脚《あんぎゃ》の旅に出るという設定。伊東さんほどの迫力はないにしろ、彼なりの機知、機転で面白かった。夜は彼と連れ立って飲んだり喰ったりしたことを思い出す。

さて華丸サンといえば、前にも書いたが、結婚式のビデオレターである。ある夜の十二時過ぎ、世田谷の芦花《ろか》公園の我が家の玄関に目のギョロッとした精悍で礼儀正しい青年が立っていた。

「はじめまして、私博多華丸と申します」。よく見ると「あー、アタックチャンスの華丸さんやないね」「ハイッ！　夜分すみませんが、相方の大吉が結婚します。つきましては、お世話になった先輩からビデオレターで祝いの言葉ば頂けんでしょうか？」と、あくまで好感のもてるあのギョロ目で頭ばさげんしゃった。

「今からね？」「ハイ！」私はその時期昼ドラのレギュラーで、毎日八時半開始で終わるのが夜中の一時、二時、それから朝に備えて長台詞を覚えなくてはならなかった。

「すまんばってん、明日か明後日にしちゃらん？」

「いや、今日中に……相方ば驚かしてやりたかとです！」

「ばってん……」

「お願いします！」

とうとう負けた。暗闇では何だろうからと、行きつけのスナックを開けてもろうてレターを撮った。大吉サン、よか相方で良かったね……。そのことはビデオで十分伝えた。

ガンバレ！　博多華丸・大吉！　華丸サンは今や山笠中洲四丁目の法被を着る仲間である。

先輩

芸能人の方々が次々と逝かれた。皆お世話になった人ばかりで無念だし、寂しいし、悔しい。ばってん昔程、立ち直れないくらい落ち込むことも少なくなった。私もいい年になったけん順番かな、と思うたりするからけんやろか。

永六輔《えいろくすけ》さん、そっと私の芝居を欠かさず観てくださり、メモで感想を人伝えに置いていかれた。

平幹二《ひらみきじ》朗《ろう》さんとは昔、共に時代劇に出演した。そのシリーズの最中に平さん御夫婦に第一子が誕生された。私が音頭を取り、共演者の田中邦衛さん、大原麗子《おおはられいこ》さん、沖雅也《おきまさや》さん、江守徹《えもりとおる》さんで赤ちゃん祝いに行った。私のシャレで赤ちゃんにばい菌がうつるといけないと、マスクと白手袋を全員に揃え、御夫婦を大笑いさせた。その時の赤ちゃんが、今人気の平岳大《ひらたけひろ》さんである。

大橋巨泉さん。最後にお逢いしたのは巨泉さんの傘寿の祝いの日である。本人のお礼の言葉のあと「小松、ちょっと上がって来い」と舞台に上げられた。

いきなり巨泉さん、下手なセリフで「越後屋、お主も悪よのぅ」。すると私「御代官様の教えでございますよ、ウフフハハハー」。

水戸黄門の悪代官と御用商人の決まり場面だが、私の「**ウフフハハハ**」が好きで、どこでもやらされた。ハワイでのパーティーやゴルフコンペの最後に……。

松方弘樹《まつかたひろき》さん。東映京都撮影所のメイク室で初めてお会いした日に、あの遠山の金さんの格好で「あっ小松さんだ、今日は終わり？」「はい」「よーし、今日は付き合って！　飲も飲も！」。

超一流レストランで座るや否や「ワインね、良いの持ってきて」。

ソムリエが注ぐのを待って「これ気に入った？」「とてもおいしいです」「そう、あと二本開けて！」三本一緒に栓を抜いてしまった。

ご自分はブランデーを飲んでいるのにである。その時のワインはロマネコンティであった。

藤村俊二《ふじむらしゅんじ》さん、オヒョイで知られる小粋な方でした。昔日劇のダンサーからの出発で、男のダンサーでもきれいにきれいに化粧をし、つけまつげ、青いシャドーに口紅が当たり前の頃だった。藤村さんときたらゾロッペエで田舎のお祭りみたいに鼻に白い線を一本だけのメイクで平気で踊っていたらしい。

ある日出演者専用のエレベーターの中で満員の男《おとこ》ちゃん、昔男性のダンサーのことを男ちゃんと言ったが、その中の香水プンプンのジイさんオネエが藤村さんをジーッと見て、

「レビューとは美しいものよ！」

この話、本人から何度聞いても笑ってしまった。

そんなこんなで嫌気がさしてテレビの振付師となった。オヒョイさんとは週二本のレギュラーを持って、四日間はいつも一緒で、たくさんたくさん美味しいものや楽しいことを教わった。

いずれの先輩も今の私の見本、手本となっている。

さーん！

初出誌「月刊はかた」（二〇一三年七月～二〇一九年二月）

著者略歴

一九四二年、福岡県博多に生まれる。一九歳のとき、役者を目指して上京、俳優座を受験、試験に受かったものの、数千円の入学金が払えず断念する。その後、横浜トヨペットでトップセールスマンとなるが、一九六四年にクレージーキャッツの植木等の付き人兼運転手の募集に応募、六〇〇人の中から選ばれる。

その後、コメディアンとして、日本テレビの「シャボン玉ホリデー」でテレビデビュー。初舞台はクレージーキャッツの日劇公演。以降、数え切れないほど、テレビ、映画、舞台に出演。大ヒットした芸には「淀川長治」「電線音頭」「しらけ鳥音頭」「タコフン音頭」「小松の親分さん」など多数があり、伊東四朗とのコンビ芸も大受け。

二〇一一年に社団法人日本喜劇人協会一〇代目会長に選出される。

著書には『のぼせもんやけん』（竹書房）、『昭和と師弟愛　植木等と歩いた43年』（ＫＡＤＯＫＡＷＡ）、『ひょうげもん』（さくら舎）など多数がある。

みーんな　ほんなごと！

二〇二〇年三月一〇日　第一刷発行

著者　小《こ》松《まつ》政《まさ》夫《お》
発行者　古屋信吾
発行所　株式会社さくら舎　http://www.sakurasha.com
東京都千代田区富士見一-二-一一　〒一〇二-〇〇七一
電話　営業　〇三-五二一一-六五三三　ＦＡＸ　〇三-五二一一-六四八一
編集　〇三-五二一一-六四八〇
振替　〇〇一九〇-八-四〇二〇六〇

装丁　アルビレオ
イラスト　中根ゆたか
印刷・製本　中央精版印刷株式会社

ISBN978-4-86581-239-8